태권도 선교학

태권도 선교학

저자 / 이상덕
북디렉터 / 김용섭
편집,디자인 / 김현길
펴낸이 / 황영순

펴낸곳 / 사회문화사
초판 1쇄 발행 / 2021년 1월 15일
출판등록 / 301-2009-100
주소 / 서울시 중구 충무로2길 32-6
전화 / 02-2278-2083 팩스 / 02-2271-2082
저자 이메일 / josephf15@naver.com

ISBN 979-11-968368-6-3 03230

태권도 선교학

이상덕 지음

저자 서문

이 상 덕 선교사
타문화권 문화교류학 박사

필자는 어린시절부터 태권도에 심취해 살았다. 시간만 나면 앞동산, 뒷동산을 오르내리며 태권도를 연마했다. 이유중의 하나는 주변에 불량배들이 많았기 때문에, 스스로를 보호해야만 했던 것이다. 그렇게 중, 고등학교 시절을 보냈고 3사관학교에 뜻이 있어 그 학교를 지원했고, 태권도를 할 줄 알았기 때문에 가산점도 받은것 같다. 이렇게 해서 사관학교 생도가 되었고 그곳에서 평생의 신앙의 멘토를 만나 그리스도인이 되었고, 전도를 열심히 했다. 그런데 내가 신학생인지, 사관생도인지 구분이 가지 않을 정도였다.

대위로 군복무를 마치고 부산에서 태권도 도장을 하다가 필리핀으로 부르시는 주님의 음성을 듣고 전주 안디옥교회, 바울선교회에 들어가게 되었다. 그곳에서 선교의 거장 이동휘목사님을 만나는 축복이 있었다. 나는 당시에 신학교를 졸업한 사람이 아니고, 태권도를 하는 사람이었다. 즉 태권도 밖에는 할 수 있는 것이 없었다. 그럼에도 불구하고 태권도를 전문으로하는 평신도 선교사가 된 것이다. 그렇게해서 시작된 태권도 선교였다. 지나간 30년을 하나님은 필리핀의 태권도 사역속으로 몰아 넣으셨다.

내가 태권도 선교를 하려고 필리핀에 들어간 것이 아니요 하나님께서 나를 그곳으로 밀어 넣으신 것이다. 지금으로부터 30년전 '태권도 선교'라는 말이 희귀하던 시기에 나를 필리핀 땅으로 보내신 것이다. '태권도 선교학'이란 말은 특별한 것이 아니다. 태권도와 선교를 결합시킨 것이다. '복음은 단순한 말씀으로만 선교지에 전달되는 것이 아니라 특수한 선교사(스포츠 선교)를 통해서도 얼마든지 복음을 전할 수 있는 것이다.' 필자는 근래에 3권의 저서를 썼는데 "상덕아 내 계명을 지켜라!" "이상덕 선교사의 성령의 발차기!" "이상덕 선교사의 황금 신발을 신어라!"이다. 이 세권의 책은 저자의 30년의 기록으로 보면 될 것이고, 이번에 발간하는 "태권도 선교학"은 내 나름으로 정리한 '태권도 선교학'책이 될 것이다.

지금까지 '선교가 무엇인가?' 라고 생각했을 때, 우리는 전통적으로 신학교를 졸업하고 전도사가 되던지 목사가 되어서 선교지에 나가서 복음을 증거하는 것이라고 생각할 것이다. 21세기에 와서는 그것이 분업화를 이루었고 아주 다양해졌다. 실제로 내가 '바울선교회'에서 파송받을 때 태권도를 하는 평신도가 선교사로 파송받은 것은 당시로서는 획기적인 것이 아닐 수 없었다.

그 후로 말씀으로 복음을 전하는 선교사역 외에 다양한 분야에서 스포츠 선교, 의료선교, 빈민선교, 어린이 교육선교 등 이루 헤아릴 수 없는 많은 사역에 헌신하는 것을 볼 수 있다. 우리 선교사들이 교회 사역에 집중하는 경우가 있는데, 이런 분야는 우리가 하지 않아도 현지인들도 할 수 있는 것이다. 선교사는 은사를 따라 사역을 해야하는데 한쪽으로 몰려있다면 선교지에서의 효과적 사역은 불가능할 것이다.

선교사들은 진정 하나님이 원하시는 사역이 무엇인지를 깊이 기도하고, 하나님의 음성을 듣고 선교지로 출발해야 할 것이다. 다시말해 선교지에 가서 '교회나 개척해 볼까?'하는 생각을 갖고 있는 사람이 있다면 가지 않는 것이 훨씬 좋을 것이다. 한국선교사들이 현지에서 교회개척에 집중하는 것은 한국 교회 상황과 맞물려 있다.

즉 교회를 개척하면 그래도 후원비가 모금이 되는데, 특수 선교, 스포츠 선교, 태권도 선교, 문서선교 등을 한다면 한국교인들은 의아함을 가지며 후원이 쉽지 않게 될 것이다. 그런 이유로 선교사들이 모두 교회에 집중한다면 하나님의 일보다는 사람의 일에 집중하는 결과를 맞이하게 될 것이다.

30년전에 필리핀으로 보내시고, 메트로 마닐라를 중심으로 태권도 도장을 차리고 복음을 증거케 하신분이 하나님이시다. 하나님께서는 스포츠 선교, 태권도 선교를 귀히 보시고 축복하심을 믿는다. 오늘날 태권도를 통해 제 3세계에 복음을 전하고, 준비하는 선교지망생이 많은 줄 믿는다. 필자는 그분들을 응원하며 30년을 하루같이 태권도 사역을 감당하게 하신 하나님께서 같은 꿈을 꾸는 태권도 선교사 지망생들에게 하나님의 은총이 함께 하시기를 바란다.

2021년 1월 1일

메트로 마닐라에서 이상덕

추천의 글

박 기 호 박사

풀러신학교 아시아 선교학 원로교수

이상덕 박사의 새 저서 "태권도 선교학"의 출간을 기뻐 마지 않는 바이다. "태권도 선교학"은 이 분야의 최초의 책일 것이다. 이론에는 밝으나 실무 경험이 없는 사람들이 많이 있고, 실무 경험은 많으나 이론에 약한 사람들이 많이 있다. 이론과 실무 경험을 갖춘 저자 이상덕 박사는 자기의 전문분야 곧 태권도 사역을 통한 선교에서 이론과 실무 경험을 두루 갖춘 전문가이시다. 그러므로 독자들은 신뢰감을 가지고 "태권도 선교학"을 읽을 수 있을 것이다.

저자 이상덕 박사와 나는 30여년 알고 교제해오는 특권을 누리고 있다. 저자와 나는 몇가지 면에서 공통점들을 가지고 있다. 저자와 나는 삶으로 모범을 보여주신 기도의 사람 변희관 목사님으로부터 제자도 훈련을 받았고, 복음을 위해 희생적인 삶을 살며 조건 없는 사랑을 해주신 바울선교회의 이동휘 목사님의 멘토링을 받아왔다. 그리고 우리 둘 다 필리핀 복음화를 위하여 같은 시기에 가까이 지내며 사역하였다. 내가 이상덕 박사를 존경하고 신뢰하는 것은 그의 신앙 인격과 삶의 자세이다.

저자는 "내가 태권도 선교를 하려고 필리핀에 들어간 것이 아니라 하나님께서 나를 그곳으로 밀어 넣으신 것이다."라고 고백한다. 자기 자신이 주도권을 가지고 임의로 자기의 삶을 살고 사역해오지 않았고, 주권을 가지고 역사하시는 주님의 인도하심을 따라 살며 사역해 왔다는 말이다. "우리 선교사들이 교회 사역에 집중하는 경우가 있는데 이런 분야는 우리가 하지 않아도 현지인들이 할 수 있는 것이다." 선교사는 현지인들이 할 수 있고, 하게 될 사역을 하기 보다 현지인들이 할 수 없거나 하지 않는 사역에 종사함이 옳다.

하나님의 선교는 안수 받은 목사나 파송 받은 선교사들에 의해서만 이루어지는 것이 아니다. 성경은 자기 분야에 뛰어난 평신도 전문인들이 하나님의 나라 도래와 하나님의 뜻 구현을 위하여 위대한 봉사를 한 사실을 보여준다. 요셉은 애굽에 종으로 팔려 갔지만 이집트의 왕과 백성들로 하여금 하나님의 통치를 인정하도록 영향을 끼쳤다. 다니엘과 그의 세 친구들은 전쟁 포로로 바벨론에 끌려간 사람들이었지만 바벨론과 메데, 그리고 페르시아 제국의 왕들과 백성들이 하나님의 주권을 인정하고 경외하도록 영향을 미쳤다. 오늘날도 평신도 전문인들이 세계선교를 위한 위대한 기여를 하고 있다.

저자는 탁월한 태권도 사범으로 필리핀에 나가 필리핀 복음화를 위하여 위대한 기여를 하였다. 저자는 본서 "태권도 선교학"에서 선교는 무엇인가? 태권도란 무엇인가? 그리고 태권도 선교학이란 무엇인가?를 누구나 잘 이해하기 쉬운 말로 정리하였다. 전문인으로서 하나님께서 주신 지식과 경험, 그리고 은사를 가지고 하나님의 나라 도래와 하나님의 뜻 구현을 위하여 독특한 봉사를 하기를 원하는 모든 분들이 읽어야 할 필독 도서이다. 전문인 선교를 보다 더 잘 이해하고 전문인 선교를 통한 세계선교에 관심을 가진 모든 분들이 꼭 읽어보기를 권하는 바이다.

추천의 글

박 시 경 박사
그레이스 신학교 선교학 교수

이상덕 박사 (태권도 선교학 저자)의 출판에 즈음하여...

기독교 2천년 역사는 끝없는 도전과 응전의 역사였다.
중세의 흑사병(페스트)으로 인해 유럽 전체 30여만명이 희생되
었을때 교회는 엄청난 피해를 입었다. 그리고 오늘날 우리가 목
격하고 경험하는대로, Covid-19으로 명명된 코로나 폐렴의 피
해는 우리의 상상을 초월하고 있다. 이 코로나 피해는 기독교
선교에 치명타를 가하고 있고, 많은 전문가들은 코로나 이후의
선교의 상황은 결코 이전과 같을 수 없다고 전망하고 있다. 이
런 상황에서 전통적인 선교(교회개척, 신학교 사역 등) 보다는
생활밀착형 문화사역이 하나의 대안으로 떠오르고 있다.

여러 다양한 문화사역 중에서 태권도 사역은 하나의 전문인
사역으로서 전 세계 어느 곳이든 환영받는 사역이므로 그 전망
이 대단히 밝아보인다. 한국 교회의 태권도 사역을 통한 선교는
이제 30여년이 지나가고 있으므로, 태권도 선교 사역에 대한 이
론적 정립이 필요하다고 본다. 이상덕 박사는 그레이스 신학교

에서 태권도 선교 사역 이론으로 문화교류학 박사학위를 취득했다. 이 박사는 시기적으로 대단히 적절한 주제로 박사학위 논문을 썼다. 특별히 기독교에 대한 적대적인 지역에서도 태권도만은 현지 젊은이들이 호의적으로 받아들이고 있고, 현지 정부에서도 매우 긍정적으로 인식하고 있기 때문에 선교의 확장 영역은 매우 가능성이 높다고 판단된다.

지난 30여년 동안 태권도를 통해 수 많은 그리스도의 제자를 양육해온 이박사는 이제 한국 태권도 선교의 대부로서 후학들을 이론적으로 양성해야 하는 책임감을 실천하고 있는 모습은 매우 고무적이라 아니할 수 없다. 아무쪼록 성경의 틀 안에서, 문화사역이자 전문인 사역인 태권도 선교가 이론적으로 잘 정립되기를 바란다. 그리고 이 책을 읽는 한국인 독자들 뿐만 아니라 현지어로 번역되어 현지 젊은이들이 자기 방어 기술로서의 태권도 뿐 아니라, 선교의 도구로서의 태권도를 이론적으로 터득함으로서 하나님 나라의 확장이 현지에서 효과적으로 이루어 나가기를 바라마지 않는다.
이렇게 어려운 펜데믹 상황에서도, 이박사의 태권도 사역에 대한 열정과 헌신이 태권도가 세계의 젊은이들을 주님께로 이끌어내는 강력한 도구가 되기를 바라는 마음 간절하다.

추천의 글

변 희 관 목사
부산세계로선교회 대표

1975년 육군 3사관학교 군목재직 시절 이상덕 선교사를 처음 만났다. 군목과 생도의 관계로 대면했던 첫 만남의 기억이 생생하다. 20대의 패기를 지닌 눈빛이 살아 있는 생도였다. 그러나 무엇보다도 나의 기억 속에 남아 있는 그는 하나님과 영혼을 향한 열정을 가진, 마음에 뜨거운 불을 가진 청년, 작은 예수의 모습이었다.

생도 시절, 같은 내무반 생도 모두에게 복음을 전하여 6명이 주님을 영접할 정도로 영혼을 향한 마음이 강렬했다. 장교생활 중에도 구령의 열정은 식지 않았다. 병사들에게 복음을 전하여 많은 부대원들이 그리스도에게 돌아오는 역사가 일어났다. 육군 대위로 예편한 후에도 하나님을 향한 사랑, 영혼들을 향한 마음은 한결같았다. 그에게 주신 사명과 은사를 따라 태권도장을 경영하며 함께하는 수련생들에게 하나님의 사랑을 전하는 태권도 전도사가 되어 수백명이 불신영혼들을 그리스도에게로 인도하였다.

자신의 남은 삶을 선교사로 드리기로 헌신하고 필리핀 선교지로 출국하기 전, 1000명의 영혼들에게 복음을 전하며 선교의 의지를 불태웠다. 선교지에서 태권도 선교를 통해 많은 제자들을 양육하는 성공적인 사역을 경험하였다. 하나님의 은혜로 그 제자들과 함께 약 4만 5천명 현지인들에게 복음을 전하며 그들을 그리스도의 제자로 돕는 사역을 감당해 왔다.

하나님께서는 그에게 태권도 선교라는 "황금신발"을 신겨주셨다. 지난 45년간 태권도를 통해 복음을 전하게 하셨다. 그 속에 녹아 있는 하나님의 경륜과 영적인 교훈, 그리고 직업선교에 대한 이론과 실제에 대해 가르치고 전해야 할 마음을 하나님께서 주셨다. 이른바 '태권도 선교학'이라는 책이 나오게 된 배경이다. 이 책은 태권도 사범과 이 분야에 종사하는 사람들, 그리고 전문인 선교사들과 선교를 준비하는 분들에게 실제적인 도움과 깊이 있는 통찰력을 제공해 줄 것이라 확신한다.

우리는 갈등과 분쟁의 시대에 살고 있다. 인종 및 종교의 갈등, 체제간 갈등, 이념 분쟁 등 그 형태와 종류를 헤아릴 수 없을 정도이다. 이 책은 전문인 선교사들이 이러한 사회적 분쟁과 갈등을 해소하고 복음으로 이끄는 조정자와 피스 메이커

(Peace Maker)의 역할을 감당할 수 있음을 보여주고 있다. 또한 이 책을 통해 선교를 바라보시는 하나님의 관점에서 전문인 사역자를 준비시키시고 사용하시고자 하는 하나님의 빅픽처(Big Picture)를 깨닫게 될 것으로 기대한다.

이제 전문인 선교사의 필요는 우리의 바램을 넘어 이 시대의 요청이라 확신한다. 이 책이 출간된 것은 참으로 시기적절하며 다행스럽고 감사한 일이라 여기며 독자들에게 추천하는 바이다.

추천의 글

나 성 균 목사
안양대 신대원 선교학 교수

이상덕 선교사 하면, 사도바울처럼 오직 주님의 마음으로 세계영혼 구령에만 전심전력하는 전문인 선교사로서의 모범적인 모습이 떠오른다.

이 선교사와의 첫 만남은 17년 전이었다. 필리핀에서 전문인 선교사로서 사역 중, 그 인생에서 가장 깊었던 고난의 과제를 성경의 말씀으로 재해석하고자 신학공부를 결심하고 귀국하여 사관학교 선배인 본인이 섬기는 새소망교회에서 함께 예배드리면서였다.

본서를 기쁘게 추천할 수 있는 이유는

1. 2005년 이상덕 선교사님의 M.div 졸업논문도 "태권도 사역을 통한 미전도종족 선교"였다. 이 후에도 계속된 고급학습과정과 선교현장에서의 실제경험을 토대로 선교(Mission)와 태권도(Missions)를 선교신학적으로 균형있게 구체적으로 정리한 논문형 서적이기 때문이다.

2. 선교는 "예수 그리스도를 증거하는 삶"이다. 이 선교사는 태

권도 신학의 생활화, 그 생활화를 통한 제자화의 모범사역자이
다. 본 서적의 평가와 가치는 이미 현장에 있는 선교형 태권도
제자들에 의해서 증명되어졌기 때문이다.

3. 이상덕 선교사에게 전문인 선교사란, 사도바울처럼 예수 그
리스도의 십자가 사건에 대한 전문영성, 부활의 능력사건에 대
한 전문성, 성령하나님의 임재에 대한 전문영성이 충만할 때에
진정 예수 그리스도를 위한 전문인 선교사라는 성경적 선교철
학이 본서에 담겨있기 때문이다.

마지막 시대의 세계선교전략은 계속 수정되어지고 있다. 지
역개념+사람개념이다. 복음을 들어야 할 사람이 있다면, 구원
시켜야 할 사람이 있다면, 그 사람이 있는 그곳이 곧 선교지이
다. 한국의 국기인 전통스포츠 태권도는 지구촌에 있는 그들에
게 언제든지 예수 그리스도의 구원의 복음을 전파하는데에 거
침없는 수단이다. 그리고 열매로 이어지게 되어있다.

그러므로 태권도 선교학은 전방개척선교의 방향과 속도를 보
장받을 수 있는 마라나타 시대의 선교지침서이기에 기쁨으로
추천합니다.

추천의 글

안 태 준 목사
대신바이블칼리지 학장

이상덕 선교사는 바울선교회 소속(태권도선교사)으로서 필리핀 메트로 마닐라 지역에서 30년간 사역을 한 선교사이다. 그 기간은 주님과 함께한 시간이었다. 태권도를 통한 제자 양육이 결실을 맺어 오늘에 이르게 되었다. 물론 필리핀에서의 태권도 제자는 자신의 제자이기도 하지만 그것은 주님의 제자인것이다.

30년 제자 양육의 결과로 이번에 '태권도 선교학"이라는 책을 발간했다. 어떻게 보면 처음들어보는 것 같기도 할 것이다. 그러나 '태권도 선교학'이라는 용어는 여러해전부터 나와 있었다. 단지 독자들이 몰랐을 뿐이다.

태권도 선교학의 바람이 불기 시작한 것은 신학을 전공한 전문인 선교사는 입국하지 못하는 나라가 생겨나고 오히려 스포츠 선교사들은 아무제약없이 들어가면서 부터라고 생각할수 있다. 앞으로의 시대는 전통적인 선교방식으로는 선교가 힘든 시기이다.

선교사의 자립시대를 맞이하여 제일 효과적인 선교가 스포츠 선교이다. 즉 선교사 자신이 태권도를 통하여 현지에서 자립의 길도 모색할 수 있다. 또 우리나라의 고유문화인 태권도를 다른 나라에 효과적으로 알릴수도 있고 그리고 올림픽의 메달을 안겨줄수 있다면 그나라의 영광이 될 것이다.

태권도선교는 더 큰 목적인 예수 그리스도가 있기 때문에 더 위대한 것이라 할 수 있다.

이상덕 선교사의 '태권도 선교학'은 3부로 되어 있다. 1부 선교란 무엇인가 2부 태권도란 무엇인가 3부 태권도 선교학이란 무엇인가로 나뉘어져 있다.

즉 태권도 선교학이란 태권도와 선교를 결합시킨 것이다. 이 둘이 만나 '태권도 선교학'이 생성된 것이다.

태권도 선교사로 30년 생애를 바친 이상덕 선교사의 또 하나의 작품이 세상에 나오게 된 것을 기쁨으로 여긴다. 그리고 이 책은 태권도 선교학을 공부하는 학생들의 교재로 사용되는 것이기에 그들이 많이 읽기를 바라마지 않는다.

추천의 글

윤 홍 성 목사
바울선교회 이사, 광주 광산교회

이상덕 선교사는 30년전 '바울선교회' 훈련을 받은 초창기 멤버다. 그는 태권도 전문 평신도 사역자로 파송 받았다. 하나님의 부르심이 그를 선교지로 가도록 하였다.

선교사가 못 가는 나라도 '태권도 사역'은 들어가 복음을 전할 수 있다. 태권도는 각 나라에서 환영을 받을 수 있고, 재정의 문제도 해결할 수 있다. 태권도는 후진국에서만 선호하는 것이 아니고 선진국에서도 대환영이다. 독일 같은 경우는 오래전 독일 광부로 갔던 어떤 청년이 한국의 태권도를 보급해 독일에 70개의 브랜치가 있어서 한국의 위상을 드높이고 있다.

스포츠 선교는 그리스도의 복음을 만천하에 전할 수 있는 좋은 도구가 된다. 바울선교회에서 마닐라로 파송한 태권도 선교사인 이상덕선교사가 30년의 사역을 후배들을 위하여 '태권도 선교학'이란 책을 발간했다.

동안의 이상덕 선교사의 외길 인생과 헌신과 정성의 결과라고 생각한다. 모든 사역자들이 본받아야 할 좋은 책으로 기쁘게 추천한다. 앞으로 스포츠 선교에 관심있는 분들이 참고하신다면 큰 유익이 될 것이다. 이제는 '평신도 전문인 선교사' 시대가 되었다.

수많은 청년들이 이책을 보고 선교 비전을 가지고 보람있는 인생이 되길 바란다.

추천의 글

이 성 춘 선교사
바울선교회 국제 본부장

태권도 사범, 황금신발을 신은 이상덕 선교사님은 오직 주님을 중심으로, 주님께만 헌신한 삶을 살아온 전문인 태권도 선교사님이시다. 그의 일생은 선교사, 순례자, 순교자로 구별된 삶을 살아온 나실인과 같은 헌신된 사람의 일생이었다.

바울선교회의 첫 번째 태권도 선교사로 필리핀에서 선교사역을 완주하였지만, 은퇴이후에도 연령을 통한 은퇴는 있어도 부르신 사역에는 은퇴가 없다고 여기며 하나님이 주신 소명을 이루어가고 있다.

저의 가정이 1992년 처음으로 필리핀을 방문하고 선교사님들의 사역지를 찾았을 때에, 마닐라 퀘존시티에서 태권도 도장을 운영하면서 이들에게 태권도와 동시에 말씀을 전파하는 사범, 선교사인 이상덕선교사님을 만나게 되었다. 이상덕선교사님 부부의 순수하시고 온유하시면서 검소한 인상과 삶의 모습은 선교지로의 마음을 결단하고자 필리핀을 방문하고 기도중에 있던 아내에게 귀중한 영향력을 주었다.

이선교사님은 퀘존시티의 태권도 도장을 사용하다가 다른 곳으로 이전하였고, 수년 후에 다시 그곳을 사용하고자 했다. 이때 태권도장을 사용하면서 매월 임대료를 지불한 영수증을 다 모아두었던 것을 주인에게 보여주었고, 주인은 그 정리된 영수증을 보고 다른 어떤 조건도 없이, 계약의 불이행에 대한 조건에 대한 언급도 없이 재활용, 재임대를 허락했다고 한다.

어느 것도 소홀히하지 않고, 누구에게도 손해나 피해를 끼치지 않고, 모든 것을 원리원칙에 따라 정돈하고, 실행하며 섬기는 도덕적 책무와 성실성은 모든 사람에게 귀한 귀감이 된 것이다.

우리가 복음을 전하는 선교사임에도 불구하고, 본질적인 선교,Mission 대신 복음의 수단인 Missions으로 매몰되어 가는 실수를 범할 수 있다. 그러나 이상덕 선교사님은 언제나 복음, 주님께 헌신한 가운데, Mission - Missions의 상황적 관계를 적절하게 유지할 뿐 아니라 결코 본질을 잃지 않는 선교사이다.

태권도를 통한 스포츠선교, 전문인 선교는 탁월한 업적과 수많은 태권도와 복음의 사범들을 필리핀 현장에 세웠다. 그리고 자신을 사역과 삶을 정리한 여러 저서들을 출판했지만, 이제 "태권도 선교학"을 출판하게 되었다.

이 태권도 선교학은 자신의 선교 사역을 신학화하고 교제화한 자신학화의 의미있는 결실이 되었다. 이 태권도 선교학은 태권도를 통한 선교사역을 감당하는 현장의 선교사님들에게 뿐 아니라 스포츠를 통한 선교사역을 준비하는 모든 선교후보생들에게도 귀중한 길잡이 안내서가 될 것이다.

이 태권도 선교학은 이론적인 전문적인 안내서는 아니지만, 현장적이며 실제적인 사역의 경험과 그 경험을 이론화, 신학화하는 안내서로 잘 활용되면 유익한 책이다.

바울선교회 국제본부장으로서, 바울선교회의 은퇴선교사님의 사역과 삶의 좋은 결실을 기뻐하며 감사한다. 또한 이 책을 많은 기독교인 독자들에게 자신있게 추천하고 권하는 바이다.

추천의 글

김 익 신 담임목사

익산 성시화 대표회장, 북일교회

말의 힘이 대단하다. 그러나 글의 힘은 그 위력이 더 대단하다. 한 줄의 글로 인해 영혼이 살기도 하고 인생이 죽기도 한다. 글은 말보다 더 많은 사람들에게 더 많은 영향을 주는 괴력이 들어 있다.

이상덕 선교사! 필리핀 집회 때 첫 만남을 가진 이후 적지 않은 감동을 받게 하신 분이셨기에 선교사역에 대한 기대감을 갖기에 충분하셨습니다. 선교에 대한 남다른 열정과 태권도에 대한 뜨거운 사랑을 비롯한 선교 사역의 추진력 등 군 생활을 통해 몸에 배인 군인 정신과 주님의 선한 군사로서의 모습을 확실하게 볼 수 있었기에 저에게 여러 가지로 도전을 받게 하셨습니다.

이 후 많은 사람들에게 선교에 대한 하나님의 꿈을 전하기에 충분한 서책들을 발간하시므로 신앙고백과 같은 간증과 허락받은 태권도 은사를 하나님의 기대 이상으로 사용하시는 모습이 지난 수 십 년간의 선교 현장에서의 사역을 통해 유감없이 보여 주셨던 것을 책을 통해 생생하게 전달 받게 되었습니다.

그러던 중 이 번에 또 하나의 걸작품이 세상의 빛을 보게 되었습니다. "태권도 선교학"입니다. 책의 내용을 접한 순간 단숨에 읽어가면서 흥분하지 않을 수 없었습니다. 태권도를 통한 선교 접목에 대한 모든 것을 보여 주신 너무 소중한 글을 통해 선교와 선교사에 대한 재해석과 하나의 무술로만 알고 있었던 태권도에 대한 새로운 접근과 이해 및 태권도를 통한 선교에 대하여 명쾌하게 정리를 하셨기에 "태권도 선교학"을 통해서도 분명히 니느웨를 향하신 영혼사랑의 모습을 하나님께서 보여주셨듯이 모든 독자들에게 선교에 대한 열정과 방향을 제공하기에 부족함이 없으리라 확신이 있었기에 적극 추천하게 되었습니다.

이 "태권도 선교학"을 통해 수많은 사람들이 선교에 대한 눈이 열리길 바라며 선교에 대한 올바른 방향을 잡고 하나님의 뜻을 이루어갔던 바울의 선교의 불길이 선교가 힘들어진 이 시대에 다시 한 번 살아나길 원하며 태권도를 통한 선교가 지구촌에 확산되기를 소망해 봅니다.

추천의 글

황 영 식 목사
장항 성일교회

이상덕 선교사는 30년 넘는 세월을 필리핀에서 태권도를 무기삼아 그리스도의 복음을 증거한 그리스도의 신실한 군사이다. 누가 알아주든 안 알아주든 오직 한길 "태권도 선교"에 헌신을 다했다. 30년전에 뿌린 씨앗이 이제는 열매를 많이 거두었다. 이일은 하나님이 주관하신 하나님의 사역이었다.

모든 선교사들이 각자의 자리에서 열심히 사역을 하지만 결국은 선교사 개인의 사역이 아니고 하나님의 목적과 계획에 의해 이루어진 것이기 때문에 오직 하나님께 영광을 돌려야 한다. 특별히 하나님께서 이상덕 선교사에게 태권도 달란트를주셔서 오직 한길 태권도 사역을 할수 있게 해주시니 참으로 감사한 일이다.

선교사들은 각자의 달란트를 통해 복음을 증거한다.내게 있는 달란트는 원래 내가 가지고 있던 것이 아니라 하나님이 주신 것이다. 이상덕 선교사는 자신에게 있는 태권도를 잘 활용하여 세계 선교로 연결시키고 있다. 이렇게 하나님이 주신 달란트를 선교로 귀결시키는 사람들은 참으로 복된 사람이라 할 수 있다.

복된 사람이며 태권도의 사람인 이상덕 선교사가 30년 태권도의 결실인 '태권도 선교학'을 출간했는데 참으로 기쁘다. 이는 이론과 실제가 하나의 하모니를 이루는 것이다. 이제 태권도 선교사에서 태권도 선교를 가르치는 자리로 탈바꿈 할 것이다. 이제 새롭게 시작하는 앞날위에 하나님의 축복이 가득하기를 기원한다.

그리고 태권도 선교학을 읽는 독자들에게 하나님의 크신 축복과 또 태권도와 관련된 많은분들이 읽기를 소망하면서 추천사를 마친다.

추천의 글

⁝
•

안 영 배 담임목사
시카고 아가페 침례교회

이상덕 박사님은 바울선교회 소속 필리핀 태권도 1호 선교사로 필리핀의 메트로 마닐라 지역에서 30년간 태권도 사역에 종사하고 수많은 제자들을 신앙으로 양육하며 제자삼아 그들을 통하여 여러 나라에 태권도와 태권도 선교를 보급하고 있는 선교사입니다. 그러한 경력의 소유자이신 선교사님께서 "상덕아 내 계명을 지켜라" "성령의 발차기" "황금 신발을 신어라"에 이어 "태권도 선교학"이라는 책을 발간하시게 되었다는 소식에 진심으로 축하드립니다.

기독교 신학은 성경에 계시된 그대로 하나님을 이해하려는 시도입니다. 그러나 우주 만물을 창조하신 하나님은 우리보다 무한하시고 광대하시며 지극히 높으시므로 그 어떤 연구로도 하나님과 그분의 방법을 완전히 설명하지 못할 것입니다. 그럼에도 불구하고 하나님은 우리가 가능한 만큼 그분을 알기를 원하시기 때문에 신학이란 학문을 통해서 우리가 이해할 수 있는 방식으로 하나님을 알아가도록 예술과 과학을 우리의 삶에 접목 시키셨습니다.

특별히 세계적으로 명성을 떨치고 있는 대한민국의 국기인 태권도의 정신과 가치를 그 분야에서 평생을 종사해온 이상덕 목사님께서 선교학적으로 이해하고 해석하는 일은 참으로 뜻깊은 일이 아닐 수 없습니다. 이처럼 다양한 분야에서 직업을 가지고 사역하는 분들이 선교학을 이해하는 노력을 기울일 때, 어렵게 느껴지던 선교학은 오히려 쉽게 접근할 수 있는 학문으로 다가오게 될 것이며 여러 이론으로 나뉜 사람들의 마음을 연합시키고 기쁨과 자긍심을 가져다 줄 것이라 믿습니다.

2년전 이상덕 목사님께서 시카고를 방문하셨을 때 그의 필리핀출신 부부 제자가 운영하던 시카고 태권도 도장에서 그곳 태권도 지도자 옹사범님께서 수많은 수련생들에게 이상덕 목사님을 통하여 태권도를 배우게 되었고 기독교 신앙을 가지게 되었으며 가난한 시절에 자신을 돌보아 주셨던 생명의 은인과 같은 분이라고 소개하시는 것을 들었습니다.

"태권도 선교학"이 많은 이들에게 읽히는 지혜의 보고가 되어 이상덕 선교사님의 발길이 내딛는 곳마다 선교의 마중물이 되기를 간절히 소망합니다.

추천의 글

배 명 식 목사

철학 및 신학박사, 상주 모동 제일교회

선교의 열정이 지닌 연속성의 열매 !

이 상덕 선교사는 필리핀에서 오랜세월을 태권도 보급과 복음 전도에 생애를 보낸다. 그의 열정은 노년에 이르러서도 쉬지 않았다. 태권도에 대한 이론을 중심한 박사 학위 논문을 비롯해서 그의 생애를 결산해서 낸 자서전적 저서들은 많은 이들에게 선교사의 헌신적인 삶의 모습을 드러내고, 공감하고, 생애를 바친 열정은 많은 이들의 귀감이 되고 있다.

사명을 지닌 자는 사명이 끝날때까지 죽지 않는다는 말이 있다. 그는 필리핀 선교를 평신도로 시작 해서 지금은 신학을 마치고, 목사 안수를 받고 선교의 사역을 더욱 발전적으로 해 나갈 것을 구상하고 있다. 그가 마지막으로 이루고자 하는 꿈은 필리핀에서 "태권도 선교 사관학교"를 설립하는 일이다. 나는 그의 꿈이 이루어 지길 기도하고 간구 한다. 31년 이상을 필리핀에서 사역하면서 그는 지치지 않고 제자들을 양육하고 기도하며, 그의 꿈이 쉬지 않고 달려가는 모습은 참으로 아름답다 하지 않을 수 없다. 나는 선교사에게 드리는 물질은 번제라고 생각을 한다. 복음의 최 전방에서 생활하는 그 들을 돕는 일에는 하나님의 특별한 자비 하심이 있고, 그 열매는 하나님께서 갚아 주시리라고 믿는다.

그의 태권도 보급은 필리핀에서 많은 결실을 거두었다. 많은 제자들의 양성과 학교에 보급 그리고 한국의 태권도 도장이 필리핀 전역에 퍼져나갔다. 그일을 진행하면서 예수그리스도를 영접한 구원의 열매가 헤아릴 수 없다. 나는 그의 열정이 지닌 연속성의 열매가 이 책을 내는 이유라고 생각을 한다. 이 책을 읽는 이들이 그가 지닌 복음의 백미를 국위 선양과 함께 태권도의 이론적인 결실의 진상을 보리라 믿고 많은 이들에게 권하고 싶다.

추천의 글

문 성 묵 예비역 육군 준장, 정치학박사
한국국가전략연구원 통일전략센터장

먼저 이상덕 선교사(목사, 박사)의 『태권도 선교학』 출간은 이 시대 '전문인 선교'의 필요를 채우기 위한 하나님의 계획과 놀라운 은혜로 이루신 일이라는 사실을 믿고 감사와 찬양을 드린다. 이 선교사와 나의 인연은 1975년 육군 3사관학교 생도 시절로 거슬러 올라간다. 나는 생도 2학년이고 이 선교사는 1학년이었다. 우리는 변희관 군목님을 통해 예수님을 구주로 영접하고 제자훈련을 받았다. "그러므로 너희는 가서 모든 족속으로 제자를 삼아 아버지와 아들과 성령의 이름으로 세례를 주고 내가 너희에게 분부한 모든 것을 가르쳐 지키게 하라 볼찌어다 내가 세상 끝날까지 너희와 항상 함께 있으리라 하시니라"(마 28:19~20절) 이 말씀을 함께 암송하면서 평생 제자 삼는 삶을 살아가겠다는 결심을 했다. 이 선교사는 태권도 7단의 무도 실력을 바탕으로 주님의 부르심에 순종하여 태권도 선교에 헌신했다. 나는 직업군인으로서 35년의 군 생활을 마치고 전역했다.

사실 이 선교사의 출간 소식을 듣고 반가웠지만, 추천사를 써 달라는 부탁을 받았을 때는, 잠시 망설이고 일단 사양했다. 사실 나는 전문 선교사도 아니고 그렇다고 태권도에 깊은 지식과 조예가 있는 것도 아니기에 추천사를 쓸 자격이 없다고 생각했기 때문이다. 하지만, 이 선교사로부터 재요청을 받고 고민하며 기도하는 가운데, 보내준 이 책자를 차분히 읽게 되었다. 읽고 난 후 주님께서 가르쳐 주신 "세계 선교를 향한 하나님의 말씀과 가르치심을 마음에 되새기는 소중한 기회"가 되었다. 이 선교사가 굳이 추천사를 써달라고 요청한 것은 세계비전이 잠시 흐려졌던 나의 눈을 다시금 밝히는 기회를 주려는 뜻이었구나 하는 생각이 들었다. 그렇다면 누구라도 이 책을 읽는다면 선교비전을 일깨우고 전문인 선교사로서 실질적인 필요를 채울 수 있겠다는 확신을 갖게 되었다.

이 선교사는 어려서부터 고향 환경의 특성상 자신을 지키기 위해 태권도를 배우기 시작했다. 고단자로서 육군 3사관학교에 입교해서도 꾸준히 무술을 단련하였고, 주님의 제자로 세계 선교 비전에 부르심을 받게 되었다. 대위로 전역한 후 태권도장을 하면서도 선교사로서의 수업을 받았고 하나님의 인도하심에 따라 평신도였지만 태권도 선교사로 필리핀에 파송되어 30년간 태권도 선교의 든든한 기초를 놓았다. 이 모든 과정이 하나님의 계획 속에서 이루어진 것이다. 이 책은 바로 이 선교사 자신의 선교 간증이며 결산이다. 그리고 신구약 성경에서 밝혀주는 선교에 관한 이론과 교훈, 태권도 역사와 의의, 태권도 선교와 관련된 선행연구에 기초한 역사와 이론을 충분히 담고 있다. 즉, 선교와 태권도를 접목하여 지금의 시대적 필요에 맞게 만들어진 책이다. 따라서 이 책은 태권도는 물론, 스포츠를 통한 전문인 사역자들에게 매뉴얼로서의 역할을 충분히 하리라고 확신한다.

이 책의 마무리 글에서 저자의 주장처럼 앞으로는 현지 교회를 세우는 전통적인 방식의 선교보다는 전문인 선교사가 우대받는 시대가 도래했다. 태권도는 하나님께서 대한민국에 주신 선물이며 선교의 소중한 도구이다. 태권도가 올림픽 정식 종목으로 채택되면서 전 세계에 태권도 인구가 급속하게 증가했다. 이는 태권도를 통한 복음 증거에 대한민국을 사용하시기 위한 하나님의 뜻이다. 세계 속에서 대한민국의 국격이 높아지고 한류문화가 확산되면서 한국인이 전문인 선교영역에 더욱 쓰임 받을 수 있도록 준비해 주신 것이다. 이런 시기에 이 책이 나온 것은 매우 시기적절하다고 본다. 이 책은 태권도 선교사를 꿈꾸며 기도하고 준비하는 모든 이들에게 소중한 길잡이가 될 것이다. 이 책을 통해 태권도 선교가 학문으로 자리 잡고 앞으로 주님의 지상사명을 완수하는데 더욱 기여할 것으로 기대하면서 적극 추천한다.

추천의 글

서 세 일 목사
순회 선교사

할렐루야!

이상덕선교사님은 "너희는 가서 모든 민족을 제자로 삼아 아버지와 아들과 성령의 이름으로 세례를 주고 내가 너희에게 분부한 모든 것을 가르쳐 지키게 하라"(마28:19-20)는 주님의 지상명령에 순종하여 30년 전에 필리핀에 태권도 전문인 선교사로 바울선교회의 선교사로 파송 받으셔서 30년을 한결같이 태권도 선교를 해 오셨습니다.

저는 이상덕선교사님께서 선교사로 나서는 출발의 현장에서 만남의 복을 누리고 혹서의 열악한 사역의 현장에서 선교를 위한 동역의 특권을 오랫동안 누리게 되었습니다. 그런 제가 보고 알기로는 이상덕선교사님은 30년 동안 불같은 열정으로 변함없이 신실하고 충성스럽게 태권도를 도구로 삼아 복음을 전하며 제자를 삼고 재생산의 역사를 이루며 달려왔습니다.

태권도를 어려서부터 배우고 익히게 하심이 선교를 위한 하나님의 섭리임을 확신하고 태권도 선교사로 헌신하여 또 태권도가 오늘날 선교의 장벽과 제약이 많은 시대에 모든 나라와 민족에게 가장 쉽고 효과적으로 접근하여 복음을 전할 수 있는 선교의 탁월한 전략적 도구임을 알고 태권도 제자들을 선교사로 여러 나라에 파송하여 복음의 확산을 이루어 오셨는데, 앞으로도 지속적으로 세계 열방 가운데서 태권도를 통한 선교를 이루어가기 위해 세계 열방으로 부터 태권도를 배워 태권도 선교에 헌신할 선교사들을 배출할 "태권도 사관학교"를 세우려는 비전을 갖고 기도하고 있어 하나님께서 선히 이루어 가시리라 믿습니다.

특별히 30년 동안 몸으로 실행해왔던 태권도 선교의 또 하나의 열매로 하나님의 말씀에 근거하여 태권도 선교의 신학적 토대를 세우는 저술이 "태권도 선교학"이라는 이름으로 세상에 나오게 되어 심심한 축하를 드립니다. 축하와 더불어 앞으로의 효과적인 선교의 방향을 발견하고 선교의 동역을 통해 주님의 지상대 명령을 이루고자 하는 모든 분들에게 훌륭한 선교의 길잡이가 될 줄 확신하며 이번에 출간되는 "태권도 선교학"을 적극 추천합니다.

추천의 글

류 재 중 선교사
한국 카이로스 대표

이 시대를 사는 온전한 그리스도인이라면 단순히 하나님의 복을 받기 위해 사는 것이 아니라 자신의 가정, 이웃, 지역사회, 국가를 포함해서 열방에 복의 근원으로서 부르심을 받았다는 사실을 알고 순종해야 한다. 여호수아 프로젝트에 의하면 전 세계 78억의 인구 중에 약 65억의 비그리스도인들과 7천여 개의 미전도종족이 있다. 지역교회는 약 500만개, 복음적인 그리스도인은 약 7억 명으로 추산할 때 21세기 현재 인류역사상 가장 많은 그리스도인이 모든 대륙의 거의 모든 나라에 있는 셈이다. 단순하게 생각하면 약 700개 교회당 1개의 미전도종족을 감당하고 복음적인 그리스도인 1명이 비그리스도인 10명에게 복음을 전하면 되니 지금이야말로 예수님께서 모든 그리스도인들에게 분부하신 대위임령을 완수 할 수 있는 때라고 봐야 한다.

저자는 수십 년간 선교 현장에서 태권도를 통해 현지인을 예수님의 제자로 삼고 있는 태권도 선교계의 대선배이다. 본서는 선교의 핵심적인 내용을 간결하게 정리하며 복음을 전하는 메신저로서 선교사가 어떻게 준비되어야 하는지를 구체적으로 다룬다. 무엇보다도 기독교적 관점에서 태권도를 이해하도록 도우며, 태권도를 통한 전략적인 선교의 방법을 평생에 걸친 저자의 실례를 통해 생생하게 엿볼 수 있다. 본서는 태권도를 통한 선교의 부르심이 있는 독자뿐만 아니라 하나님께서 주신 재능과 전문적인 경력을 통해 선교에 동참하고자 하는 모든 그리스도인에게 훌륭한 안내서가 될 것이다.

추천의 글

박 민 용 목사
겨자씨선교회 법인이사, 포항 성동교회

10여 년 전, 필리핀 선교지를 방문했을때 이상덕 선교사님을 처음 만났습니다. 평생을 한국에서 목회하시다가 정년 은퇴한 후, 필리핀에서 겨자씨 선교센터와 학교장으로 사역하시던 임명흠목사님은 이상덕 선교사님을 자신이 가장 신뢰하는 선교사라고 소개해 주셨습니다.

이후 필리핀에서 '태권도'라는 전문 사역을 통해서 수만 명의 제자를 길러낸 이상덕 선교사님과 교제하고, 그의 사역 현장을 보면서 많은 감동을 받았습니다.

이 선교사님은 '태권도 사범'이면서, 무엇보다도 예수 그리스도에 대한 열정, 한 영혼에 대한 열정에 사로잡힌 분입니다. 그분의 복음에 대한 열정, 한 영혼에 대한 사랑은 지켜보는 이들에게 큰 도전을 줍니다.

한편, 이 선교사님은 선교지에서뿐 아니라, 가정에서도 성공한 사역자입니다. 이 선교사님의 딸, 은혜 양이 한동대학교에 다닐 때, 본인이 섬기는 교회에 출석한 관계로 더욱 밀접하게 그의 자녀들과 가정을 지켜볼 수 있었습니다. 밝고 순수하게, 훌륭한 신앙으로 성장한 그분의 자녀들을 보며, 이 선교사님은 선교지에서뿐만 아니라, 가정에서도 훌륭한 신앙인격의 본을 보이는 아버지임을 느낄 수 있었습니다.

이렇게 선교사로서도, 가정의 아버지로서도, 훌륭한 삶을 살아오신 이 선교사님이 이번에 '태권도 선교학'이라는 책을 쓰셨습니다.

'태권도'라는 전문 사역을 통하여 선교지에서 수많은 제자를 복음으로 양육했고, 또 그들이 또 다른 제자를 길러내는 성경적인 선교의 멋진 모델을 보여준 이 선교사님의 사역과 선교 비전과 전략이 그대로 녹아있는 책이라 할 수 있습니다.

앞으로 해외 선교, 특히 미전도 선교지에서의 선교는 전문인 선교가 요구되는 바입니다. 이때 '태권도 선교'는 선교사들에게 가장 어려운 문제 중 하나인 '비자'의 문제를 해결할 대안이 되고, 정체된 선교의 문을 열 수 있는 돌파구가 될 수 있다고 확신

합니다.

　이 책을 복음의 열정을 가지고 선교를 준비하는 사명자, 특히 전문인 선교를 준비하는 분들에게 추천하며, 특히 '태권도'라는 은사와 역량을 가지고 열방을 향해 나가고자 하는 선교사님들에게 기쁨으로 추천합니다. 이 책이, 주님의 지상대명령을 성취하고, 주님의 나라를 확장하는데 쓰임 받기를 기대합니다.
마라나타!

추천의 글

배 민 아 교수
미드웨스트대학교 기독교교육학

세계 모든 나라가 문화와 종교, 인종을 초월하여 스포츠에 열광하고 있다. 이러한 스포츠의 붐은 한국이 세계 속에서 주목받는 나라가 되도록 하는데 영향을 미쳤다. 특히 한국이 종주국인 태권도는 국경을 넘어 전 세계가 사랑하는 스포츠로 자리 잡았고, 태권도에 대해 제대로 알지 못하는 나 같은 사람도 외국에 나갈 때마다 한국인으로서 자부심을 느낄 수 있는 이유 중의 하나가 태권도에 대한 외국인들의 긍정적이고 호의적인 이미지 덕분이었다. 이번에 발간되는 「태권도 선교학」을 살펴보면서 이 모든 선한 영향력의 근저에 이상덕 선교사님의 수십 년간의 지난한 노고와 열정과 헌신이 밑거름되었던 결과라고 생각하니 깊은 감사와 존경이 마음에서부터 우러나온다.

현대 사회는 다양성의 시대이다. 거기에는 종교와 선교의 영역도 포함된다. 이제 전 세계인의 축제가 된 국제적 스포츠 행사는 국가와 국가의 이데올로기를 넘어서서 세계인을 하나로 묶고 화합하게 하는 중요한 도구인 만큼 태권도 선교에 대한 기대와 관심도 그만큼 커지고 있다. 이러한 시대적 변화와 사명에 따라 이상덕 선교사님의 삶을 통한 연구 결과물인 이 책이 태권도 선교의 바로미터가 될 수 있기를 바란다.

이 책은 선교의 새로운 영역을 고민하는 분들과 태권도 선교에 비전을 가진 분들뿐만 아니라 이미 이 사명을 감당하고 있는 분들 모두에게 다양한 정보와 지식과 선교의 노하우를 체계적으로 알려 줄 수 있는 책이다. 이상덕 선교사님이 몸으로 체득하며 현지에서의 삶과 지혜와 지식으로 터득한 모든 연구의 축적물들을 이 책 한 권 안에 진솔하게 모두 담아 놓았기 때문이다. 태권도 선교의 생생한 현장뿐만 아니라 선교의 역사, 선교사의 자격과 제자훈련, 선교지의 상황과 종교에 대한 이해, 태권도와 태권도 선교학에 대한 체계적인 이론과 실제적인 선교 방법론에 이르기까지 태권도 선교에 대한 모든 궁금증을 여기 한 권의 책 안에서 해결할 수 있다. 이 책이 읽히는 모든 곳에서 태권도 선교에 대한 의지와 사명이 싹트고 자라날 수 있는 좋은 계기가 되기를 바란다.

목 차

2부 태권도란 무엇인가

1부
선교란 무엇인가

1장
기독교 선교역사

1장 기독교 선교역사

1. 구약에서의 선교

우리는 구약성경 속에서 선교를 찾기 쉽지 않을 것이다. 그것은 이스라엘 민족은 택함받은 하나님의 백성이고 이방민족은 하나님이 선택하지 않는 백성이라고 인식되어있기 때문이다. 이것은 오랜세월 우리 곁에 존재하고 있었다. 그러다가 현대에 와서 선교학자들의 많은 논의 끝에 구약성경 안에도 오늘날 우리가 추구하는 '선교'가 있었다고 믿게 되었다.

안승오. 박보경은 그의 저서 "현대 선교학 개론"에서 이렇게 말하고 있다.

이와같이 구약에서는 분명하게 하나님의 백성들이 장벽을 넘어서 이스

라엘의 하나님이 온 세상의 하나님이며, 그 여호와 하나님을 아는 지식
으로 나오기를 원하시는 선교하시는 하나님의 의도를 발견할 수 있다.
구약에는 하나님과의 계약관계 속으로 초청되었던 이스라엘 백성 뿐 아
니라 온 인류를 향하신 하나님의 구원 계획과 관심이 표현이 되어있다.
이제 구체적으로 구약성서에서 하나님의 선교가 어떠한 모습으로 이루
어 왔는지를 알기 위해서는 다소 새로운 각도로 구약을 다루어야 할 것
이다.(안승오.박보경 2008:17)

물론 구약에서는 이스라엘 민족을 선민으로 택한 부분도
있지만 만백성을 구원하시려는 계획이 구약 성경에도 기록
되어 있음을 우리는 명심해야 할 것이다. 전호진은 이렇게 말
을 한다. "신구약 성경은 정확 무오한 하나님의 말씀이거니
와 하나님께서 인간을 구원하시기 위하여 부르시는 선교의
책이다".(전호진 2018:41). 즉 그는 신약성경만 선교에 관련
된 책이 아니라 구약 역시 하나님의 말씀으로서 선교의 책이
라 말하고 있다. 신약성경에 선교에 관한 많은 메시지가 있
는데, 신약의 뿌리라 할 수 있는 구약성경에도 많은 부분에서
선교에 대해 언급하고 있다.

창세기의 선교

구약은 창세기로부터 시작되는데 이책의 내용은 신화가 아니고 모세가 기록한 하나님의 말씀이다. 즉 이 말씀은 일점일획도 변함이 없으신 하나님의 말씀이기 때문에 우리는 이 말씀을 믿는 것이다.

안승오.박보경은 창세기의 중요한 관점은 이스리엘이 아니고 온 인류라고 말하고 있다.

> 창세기 1-11장에 나타나는 가장 중요한 선교적 주체는 창조이야기에서 나타난다. 성서의 최초의 관심은 히브리인들에 대한 것이 아니라 온 인류에 대한 것이며 성서는 아브라함의 이야기부터 시작하지 않고 세상의 창조와 인류의 조상인 아담으로부터 시작되었다는 것은 주목할 만한 사건이다. 창조이야기의 중심은 이스라엘이다. 이스라엘은 자신들의 역사를 거슬러 올라가 회고하면서 역사 속에서 경험되는 열방들과의 관계 속에서 자신들을 인식하고 있다.(안승오.박보경 2008:17-18).

안승오.박보경은 이어서 말을 한다. "창조이야기는 하나님이 온 세상의 주인이 되심을 보여주고 있는데 이것은 하나님의 선교의 범위를 제공한다. 온 세상의 주인이신 하나님이 결국 모든 만물의 주인으로서 존재하고 당연히 온 세상은 하나님의 선교의 범위가 된다."(안승오.박보경 2008:18).

창세기 3장 15절의 "내가 너로 여자와 원수가 되게하고 네 후손도 여자의 후손과 원수가 되게 하리니 여자의 후손은 네 머리를 상하게 할 것이요 너는 그의 발꿈치를 상하게 할 것이니라 하시고"(창3:15). 이 말씀은 비록 아담과 하와가 하나님의 명령을 어겼지만 하나님은 인류를 구원하시려는 선교 계획이 있으셨던 것이다. 인간을 구원하시려는 선교 계획은 순간 이루어진 것이 아니라 이미 영원전의 계획임을 알아야 한다.

> 곧 창세 전에 그리스도 안에서 우리를 택하사 우리로 사랑 안에서 그 앞에 거룩하고 흠이 없게 하시려고 그 기쁘신 뜻대로 우리를 예정하사 예수 그리스도로 말미암아 자기의 아들들이 되게 하셨으니 이는 그가 사랑하시는 자 안에서 우리에게 거저 주시는바 그의 은혜의 영광을 찬송하게 하려는 것이라 우리는 그리스도 안에서 그의 은혜의 풍성함을 따라 그의 피로 말미암아 속량 곧 죄사함을 받았느니라(엡1:7).

창세기에서는 이방인의 구원과 심판을 말씀으로 보다 역사적 사건을 통하여 보여 주셨다.(전호진 2018:46). 그리고 더 나아가 아브라함이 선택하시는 하나님을 생각할 수 있다. 창세기 11장까지는 만민에게 선교하시는 하나님이 나오지만 창세기 12장부터는 이스라엘 민족을 향하신 섭리가 전개되고 있다. 그중의 하나, 믿음의 조상이라 불리우는 아브라함이다. 하나님은 아브라함을 택하여 만민을 향한 복의 근원이 되게하셨다.

> 여호와께서 아브람에게 이르시되 너는 너의 고향과 친척과 아버지의 집을 떠나 내가 네게 보여줄 땅으로 가라 내가 너로 큰 민족을 이루고 네게 복을 주어 네 이름을 창대하게 하리니 너는 복이 될지라 너를 축복하는 자에게는 내가 복을 내리고 너를 저주하는 자에게는 내가 저주하리니 땅의 모든 족속이 너로 말미암아 복을 얻을 것이라 하신지라(창 12:3).

하나님께서는 아브라함을 택하여, 세계선교의 장을 만드신 것이다. "너는 너의 고향과 친척과 아버지의 집을 떠나 내가 네가 보여줄 땅으로 가라 내가 너로 큰 민족을 이루고 네게 복을 주어 네 이름을 창대케 하리니 너는 복이 될지라" 마치 오늘날 선교지로 파송받는 선교사에게 하시는 하나님의 말씀과 같지 않은가? 하나님의 명령을 순종했던 아브라함은 복의 근원이 되었으며 하나님의 축복을 받은 믿음의 조상이 되었다. 여기서 한가지 중요한 사실은 선교사는 아브라함처럼, 스스로 선교사가 될 수 없고 하나님이 하나같이 부르시고 보내신다는 것이다. 아브라함 스스로 무엇을 한 것이 아니고 하나님이 부르셨기에 사명을 감당한 것이다.

시편의 선교

"시편은 이방이 하나님께 영광을 돌려야 하지만 동시에 이 방에 대한 하나님의 심판을 말하며(9:19,20) 또한 이방의 신들은 헛 것이라고 함으로써 이방 문화에 이스라엘이 동화되는 것을 금지하였다."(전호진 2018:53). 시편에서는 유독 구원이 전세계적임을 말해주고 있다.

우리는 시편 67편을 살피면서 그야말로 선교적인 "시" 인것을 알 수 있게된다.

하나님은 우리에게 은혜를 베푸사 복을 주시고 그의 얼굴 빛을 우리에게 비추사 주의 도를 땅 위에, 주의 구원을 모든 나라에게 알리소서 하나님이여 민족들이 주를 찬송하게 하시며 모든 민족들이 주를 찬송하게 하소서 온 백성은 기쁘고 즐겁게 노래할지니 주는 민족들을 공평히 심판하시며 땅 위의 나라들을 다스리실 것임이니이다 하나님이여 민족들이 주를 찬송하게 하시며 모든 민족으로 주를 찬송하게 하소서 땅이 그의 소산을 내어 주었으니 하나님 곧 우리 하나님이 우리에게 복을 주시리로다 하나님이 우리에게 복을 주시니 땅의 모든 끝이 하나님을 경외하리로다(시67:1-7).

"이 본문은 땅의 모든 족속들에게 복의 근원이 될 것이라는 아브라함의 언약에 촛점이 맞춰져 있는 시편이다."(안승오.박보경 2008:38). "시편에는 구원이 전 세계적임을 암시하는 본문이 많이 있거니와 선지서에서와 같이 이방인들이 자원하여 하나님께 나오는 것을 말한다. 피터슨에 의하면 시편에는 세상 나라들에게 복음이 전파되는 구원이 세계적 성격을 띠는 본문이 175개나 된다고 하였다,"(전호진 2018:53).

> 시편 기자는 구스인과 애급인들이 하나님을 향하여 손을 편다고 하였으며(시68:31) 열방의 방백들이 하나님의 백성이 되며 (47:7), 열방의 왕들이 제물을 하나님께 바치는 때가 올 것을 예언하며(72:10).하나님이 창조하신 열방이 하나님 앞에 경배한다(86:9). 그러나 이방들이 자발적으로 하나님께로 오지만 이것은 궁극적으로 하나님께서 그의 택하신 백성들을 모으시기 때문이다.(전호진 2018:53-54).

위의 내용 가운데 "궁극적으로 하나님께서 그의 택하신 백성들을 모으시기 때문이다"라고 말을 하고있다. 이 부분이 아주 중요한 부분이다. 하나님께서 이미 창세전부터 인간을 구원하시려는 하나님의 선교를 계획하고 있으셨다. 즉 하나님 앞에 돌아오는 자는 이미 하나님의 선택을 받은자이며 또한 선교사도 이미 하나님이 부르신자를 찾으러 선교지로 떠나는 것이다. 하나님의 선택하심이 없다면 어느 누구도 구원의 반열에 또는 선교의 자리에 들어올 수 없는 것이다. 구약 성경에는 많은 선교의 기록들이 있다. 그러나 그 분야가 많아 다 기록할 수는 없다. 그래서 창세기와 시편에서 중요한 부분만 기록을 한다.

2. 신약에서의 선교

한국의 유명한 선교학자 전호진은 자신의 선교학 책에서 신약의 선교론에 대해서 이렇게 말하고 있다.

> 신약 성경은 구원의 복음을 온 세상에 알리는 선교의 책이다. 구약이 예언한 메시야는 예언대로 아브라함과 다윗의 후손으로 세상에 오셨다. 선교의 하나님은 예수 그리스도를 세상에 보내셨으며(요3:16), 또한 이 예수는 그의 제자들을 세상에 보내시는 명령을 하신 후 승천하셨다. 승천 후 제자들은 요엘서의 예언대로(욜2:28-32) 성령이 충만하였으며 이 성령은 선교의 영으로서 제자들로 하여금 구원의 메시지를 온 세상에 전파할 수 있는 능력을 주셨다. 신약의 4복음서는 선교적 설교의 산 기록이며 사도행전은 선교적 교회의 모델이며, 바울의 서신서는 복음을 철학적으로 변호하는 변증서가 아니라 선교의 기록이다. 지금까지 세계 교회와 신학은 바울을 조직신학자, 변증가로 묘사하는 데 더 많은 정력을 바쳤다. 그러나 바울 사도는 그의 서신마다 하나님께로부터 이방인의 전도자로 세움을 받았다는 선교의 소명으로 시작한다.(전호진 2018:67).

위의 내용은 '신약성경과 선교'를 일목요연하게 정리한 것이라 다른 설명조차 할 필요가 없다고 본다. 복음주의 선교학자답게 잘 설명하고 있음을 알 수 있다.

하나님 나라의 도래를 선포한 예수 그리스도의 선교사역은 자연스럽게 제자들의 선교로 이어진다. 물론 주님의 선교적 파송을 받은 모든 제자들의 공동체인 교회의 선교사역은 사도행전에서 좀더 분명하게 살펴보게 되겠지만, 사복음서 안에는 예수그리스도의 선교사역뿐 아니라 그리스도의 제자들을 향한 복음전파의 선교사명에 대한 명령이 분명하게 나타난다.(안승오.박보경 2008:61).

사도행전의 선교

사도행전 1장 8절의 말씀 "오직 성령이 너희에게 임하시면 너희가 권능을 받고 예루살렘과 온 유대와 사마리아와 땅끝까지 이르러 내 증인이 되리라" 이 말씀은 주님이 부활하시고 승천하시기 전에 제자들에게 하신 아주 중요한 말씀이다. 즉 우리에게 성령이 임하시면 권능을 받고 예루살렘과 온 유대와 사마리아 땅끝까지 증인, 즉 선교사가 된다는 말씀이다. 그냥 선교사가 되는 것이 아니라 주님으로부터 성령이 임해야만 하는 것이다.

스스로 선교사가 되는 사람도 있는데, 그것은 선교를 해도 소용이 없다. 자신 스스로 이 길을 택했기 때문이다. 오직 하나님이 선택하시고 성령의 세례를 주시고 권능을 우리에게 주셔야만 그것이 가능한 것이다. 이렇게 사도행전 1장 8절의 말씀을 통하여 주님은 세계만방에 선교사로 보내시려는 뜻이 있다.

사도행전에 하나님의 선교의 또 다른 특징은 바로 이방인들을 향한 선교가 시작되었다는 점이다. 물론 사도행전 이전에도 이러한 원심적인 선교의 암시는 계속 있어 왔으나 바로 이 사도행전을 중심으로 이방인 선교가 최고조로 발전 되었다.(안승호.박보경 2008:72).

이방인의 선교에 대한 말씀은 사도행전 2장 21절의 "누구든지 주의 이름을 부르는 자는 구원을 받으리라 하였느니라" 유대인에 국한된 말씀이 아니다. 누구든지 주의 이름을 부르는 자에게 구원이 임하는 하나님의 특별한 은혜인 것이다. 하나님의 이방을 향한 선교 계획이 있으셨던 것이다. 사도행전 11장 17절에서 18절에 "그런즉 하나님이 우리가 주 예수 그리스도를 믿을 때에 주신 것과 같은 선물을 그들에게도 주셨으니 내가 누구이기에 하나님을 능히 막겠느냐 하더라 그들이 이 말을 듣고 잠잠하여 하나님께 영광을 돌려 이르되 그러면 하나님께서 이방인에게도 생명얻는 회개를 주셨도다 하니라." 사도행전에서의 선교는 본격적으로 하나님의 선교가 시작되었다. 하나님이 하시는 선교를 제자들이 막을 수 있는 것이 아니다.

선교의 역사는 하나님께서 계획하시고 이루시는 것이다. 고넬료의 사건에서도 그는 이방인이었고 베드로는 그의 초청에 꺼려했지만 하나님께서 그를 부르셨고 사도 베드로를 통하여 고넬료는 이방인 최초의 기독교 개종자이며 세례자로 보고 있다. 또한 베드로는 이 가정을 중심으로 이방인 전도를 하게 되었다. 사도행전에는 이방인을 향한 선교계획이 있었던 것이다.

바울의 '하나님의 선교'

　바울이야말로 선교사 중에 선교사이며, 하나님이 택하신 선교사이다. 그러나 바울은 스스로 선교사가 되기 위하여 선교훈련을 받고 선교지로 나간 것이 아니고, 또한 예수님의 직접 제자도 아니고 다메섹 도상에서 부활의 주님을 만나고 즉시로 아라비아 광야의 3년간 선교훈련을 마치고 이방 선교사가 되었다. 이 일도 자신이 계획한 것이 아니요 성령에 이끌린 삶이었다.

> 아나니아가 대답하되 주여 이 사람에 대하여 내가 여러 사람에게 듣사온즉 그가 예루살렘에서 주의 성도에게 적지 않는 해를 끼쳤다 하더니 여기서도 주의 이름을 부르는 모든 사람을 결박할 권한을 대제사장들에게서 받았나이다. 하거늘 주께서 이르시되 가라 이 사람은 내 이름을 이방인과 임금들과 이스라엘 자손들에게 전하기 위하여 택한 나의 그릇이라 그가 내 이름을 위하여 얼마나 고난을 받아야 할 것을 내가 그에게 보이리라하시니(행9:13-16).

　오늘날 선교사들은 선교사로 파송 되었을 때에 자기가 배운 신학과 교단의 교리로 정리를 하고 파송을 받을 것이다. 그중에 하나는 진보적인 신학을 배운 사람들은 아마도 폭넓게 생각을 할 것이고 보수적인 신학교에서 공부한 사람은 "오직 하나님이 선교사로 보내서 왔다"라는 생각을 가질 것이고 또한 중간의 선택을 하는 사람도 있을 것이다.

필자가 말하는 '하나님의 선교'라는 용어는 이미 1952년에 있었던 WCC(세계교회협의회)윌링겐 대회에서 채택이 되었다. "선교는 이 세상을 개도하고 해방하는 세상을 위한 교회의 모든 활동으로서 개개인의 회심이나 교회의 부흥보다 증거와 봉사와 인간성 회복에 그 목적을 둔다고 할수 있다." 즉 이것은 진보주의에서 말하는 '하나님의 선교'이다. 그러나 이 책에서 필자가 말하는 '하나님의 선교'는 그런 것이 아니고 하나님께서 인간의 생사를 주관하시고 하나님의 자녀로 택하시고 선교사로 만드시고 파송하여 선교지에 보내시고 또 선교사의 모든 사역을 하나님이 행하게 하신다는 것이다. 그러기에 선교사에게 자기의 사역은 없는 것이며, 있다면 선교사의 사역이 아니라 하나님의 사역만 있다는 것이다.

바울에게는 이방인을 향한 수많은 전략들이 나타나는데 결코 그의 선교전략은 없었으며 주님의 선교 전략만 있었다. 그래서 바울은 자기의 연약함만 자랑을 하게되었다. 자랑할 것이 없었기 때문이다. 고린도후서 12장 9절의 "나에게 이르시기를 내 은혜가 네게 족하도다 이는 내 능력이 약한 데서 온전하여 짐이라 하신 지라 그러므로 도리어 크게 기뻐함으로 나의 여러 약한 것들에 대하여 자랑하리니 이는 그리스도의 능력이 내게 머물게 하려 함이라" 만약 '바울의 하나님의 선교'를 제대로 이해한다면 자기 선교지의 사역을 가지고 자랑하는 선교사는 없었을 텐데, 아직도 많은 것을 보면 '하나님의 선교'를 아직도 알지 못하는 것이다.

바울의 하나님의 선교전략을 공부하는 방법이 있다.

> 바울의 선교전략 중에서 매우 중요한 것 중의 하나가 바로 적응의 원리이다. 그는 유대인에게는 유대적 방법으로 헬라인에게는 헬라적 방법으로 접근했다. 이러한 수용자 중심의 선교는 바울의 선교사역을 매우 성공적으로 진행할 수 있게 만들었다. 바울에게 있어서 수용자 중심의 선교는 문화적인 측면만이 아니었다. 그는 약한 자들에게는 약한 자와 같이 되어서 그들을 전도하였고 여러 사람에게 여러 모양으로 선교했다.(안승오.박보경 2008:81).

위의 내용을 살피면 바울이 자신의 생각으로 적응의 원리를 생각하고, 유대인에게는 유대인에게 헬라인에게는 헬라인에게 접근해서 성공을 했다고 말하고 있다. 그리고 약한 자에게는 약한자처럼, 그리고 여러사람의 모양으로 그래서 바울은 성공적인 선교사가 되었다고 말하고 있다. 그런데 실상은 바울이 생각한 것이 아니었다. 주님이 바울 속에 임재하여 그 사역을 조종하고 계셨던 것이다. 즉 그 선교전략은 바울의 머리에서 나온 것이 아닌 하나님 속에서 발생한 것이다. 다만 바울은 하나님의 선교도구로 사용된 것이다. 이것을 빨리 깨우칠수록 더 가까이 주님께 나아갈 수 있다.

3. 초대교회에서의 선교

　오순절 마가 다락방에서 제자들이 성령을 받은 후 선교사적인 삶을 살게 되었다. 사도행전을 읽어보면 그 책은 전부 선교에 관한 내용으로 가득찬 것을 알 수 있다. 예수의 12제자와 그리고 바울, 이 모두는 선교사라고 해도 과언이 아니다. 초대교회의 선교는 목숨을 내놓고 하는 선교였다. 복음을 전하다 잡히면 순교가 다반사였다.

　우리가 잘 아는 사울이라고 하는 바울은 예수 믿는 사람들을 잡아죽이던 자였다. 당시 스데반집사는 기독교 복음을 전하다가 돌에 맞아 순교했다. 즉 많은 기독교인들이 선교하다 죽었다. 그러다가 콘스탄티누스 1세 황제는 313년 밀라노 칙령을 통해 기독교를 공인하고, 테오도시우스 1세는 391년 기독교를 로마의 국교로 선포했다. 이렇게 되면서 기독교는 자유를 얻게 되었고 마음껏 선교하기에 이르렀다.

　콘스탄티누스의 회심은 그야말로 기독교인들을 죽음에서 생명에 이르게 하는 역할을 했다. 분명 핍박 후에는 좋은 날도 오는 것이다. J.허버트 케인은 이렇게 말하고 있다.

> 콘스탄티누스가 기독교를 장려해야만 했는지에 대해서는 개인적이고
> 정치적인 타당한 이유들이 분명히 있다. 처음부터 기독교가 그에게 생
> 소하지는 않았다. 그의 어머니 헬레나가 기독교 신자였기 때문에 그녀
> 가 그에게 새로운 신앙에 대해 무엇인가를 말해주었을 것이 분명하기
> 때문이다. 10번에 걸친 박해도 그것을 멸망시키지 못했다는 로마 역
> 사에 대한 지식을 통해 그는 기독교가 끈질기게 살아남은 사실에 감명
> 을 받았다. 십자가의 깃발 아래 그의 군대들은 위대한 승리를 거두었다
> (J.허버트 케인 2013:51)

313년의 기독교 공인은 하루 아침에 그냥 이루어진 것이
아니었다. 먼저 황제의 어머니 '헬레나'가 기독교 복음을 받
아들인 것이다. 그녀는 소아시아의 '드레파눔'에서 250년경
에 태어났고 270년경에 로마의 장군인 콘스탄씨우스 콜로루
스를 만나 결혼을 했다. 그 사이에 콘스탄티가 출생을 했다.
헬레나가 언제 기독교인이 되었는지는 알 수 없지만 그녀의
노력으로 흑암의 땅에서 광명의 천지가 온 것이다.

밀라노 칙령을 반포케 하여 로마제국 내의 기독교를 인정
하고 투옥된 모든 신자들을 석방하게 했고, 그후에 많은 교회
를 세우고 가난한자들을 구제하였다. 그녀가 스스로 기독교

인이 된 것이 아니다. 전하는 자가 있었기에 가능했던 것이다. 누군가가 황제의 어머니에게 복음을 전했기에 다시 말해 선교했기에, 자기 아들 황제에게 영향을 끼쳐 기독교 공인과 더불어 자유를 얻을 수 있었던 것이다. 황제의 어머니에게 복음을 전한자는 하늘에서 별과같이 빛날 것이다.

> 지혜있는 자는 궁창의 빛과 같이 빛날 것이요 많은 사람을 옳은 대로 돌아오게 한 자는 별과 같이 영원토록 빛나리라(단12:3).

초대교회의 신자들은 313년 기독교 공인까지 박해와 순교를 당하며 선교했고, 그후로는 신앙의 자유가 있는 상태에서 주변의 이웃들에게 선교를 했다.

1부
선교란 무엇인가

2장
선교와 선교사의 자격

2장 선교와 선교사의 자격

1. 선교의 정의

J.앤드류 커크는 선교의 정의에 대해 이렇게 말한다.

> 선교는 교회 삶의 가장 한 가운데에 있기 때문에 그것은 교회 현상의 한 양상으로 생각되기보다 오히려 교회의 본질을 규정하는 것으로 생각되는 것이 바람직하다. 선교를 교회가 감당해야 할 여러 의무들 중 하나로 전락시키지 않는 한 교회는 본질적으로 선교적이다. 교회가 선교적이기를 중단하는 것은 스스로 교회되기를 중단하는 것과 같다. 그러므로 교회의 자기이해와 정체성에 대한 인식은 근본적으로 세상 끝 날까지 예수 그리스도의 복음을 전하고 그 복음을 따라 살아야 할 소명과 밀접한 관계에 있다. 선교 활동에 대한 강력한 사명의식이 없다면 교회는 보편적이거나 사도적인 공동체로 여겨질 수 없다.(J. 앤드류 커크 2016:59).

한국의 선교학자 전호진은 선교사의 정의에 대하여 이렇게 말한다.

선교사의 정의는 사람에 따라 다양하지만 일반적으로 통용되는 개념은 다른 문화의 사람들에게 복음을 전하거나 복음전파의 관련된 전도 활동에 종사하기 위하여 파송을 받은 자이다.(전호진 2018:145).

전주안디옥교회 이동휘 목사는 선교에 대하여 이렇게 말을 한다. "선교란 구원받은 자가 구원의 예수님을 구원받지 못하는 자에게 전하는 것입니다."

필자가 생각하는 선교란 "예수 그리스도를 구원의 주님으로 영접한자가 성령의 세례를 받고 자기 본국을 떠나 사마리아 땅끝까지 이르러, 불신자들에게 예수님의 제자를 만드는 사역이 선교라 본다."

2. 선교사의 자격

하나님의 확고한 부르심

선교사가 되기 위해선 제일 먼저 선행 조건이 있다. 이것을 다른 말로 '소명'(calling)이라고 한다. 소명은 원래 종교적 개념으로서 신의 부름을 받은 일이라는 의미로 사용되었다. 선교사로 나가게 될 때 많은 선교 헌신자는 고민하게 된다. '하나님의 부르심 인가 아니면 내 스스로 선교사로 나가는 것인가' 그런데 실상은 고민할 필요가 없다. 하나님의 부르심이라면 하나님께서 그 마음에 선교지로 향한 마음이 불이 붙게 되어있다. 하나님의 부르심을 받지 못한 선교사는 그냥 나가는 것이다. 하나님의 부르심이 없어도 선교사가 될 수 있다. 그러나 그 길은 고통과 괴로운 날들의 반복이 될 것이다.

구약과 신약을 통틀어 읽어보아도 스스로 기독교 지도자가 된 사람이 없었다. 구약의 모세를 통하여 하나님께서는 이스라엘의 영도자를 삼으셨는데 그가 이스라엘 지도자가 되고 싶어 된 것이 아니고 하나님의 부르심이었으며 형 아론도 하나님의 부르심으로 동생 모세를 도왔던 것이다. 또 후에 모세의 후계자 여호수아도 스스로 된 것이 아니라 하나님의 선택이었다. 그리고 이스라엘 민족을 위하여 선지자들을 하나님이 부르셔서 사용하셨다.

또한 신약에 와서 예수님의 12제자들도 모두 하나님이 부르셔서 주의 사역을 감당하게 하셨고 바울사도 역시 하나님의 부르심이 있었다. 하나님의 부르심이 없는 선교사역은 그것은 잘못된 것이다. 신, 구약 모든 성경에 하나님의 사역에 동참했던 사람들은 자기가 스스로 온 것이 아닌 하나님의 부르심이 있었던 것이다. 다시 말하면 선교사 지원에 있어 '지원병'은 자격이 없고 오직 하나님의 부르심이 있는 자만이 가능한 것이다.

선교사가 되려면 제일 먼저 '내가 선교사로 하나님께 부름을 받았나 받지 못했나' 그것을 확인해야 한다.

오스왈드 스미스는 소명에 대하여 이렇게 말하고 있다.

나에게 소명이란 하나님의 간청이며, 강권적인 충동이고 내가 저항할 수 없도록 내 속에 몰아넣으시는 열정이다. 나는 가죽끈에 매여 있는 사냥꾼의 개와도 같아서 달아나 보려고 발버둥을 쳐봐도 줄만 팽팽하게 당겨질 뿐 아무 소용이 없다. 그것은 불가항력적으로 '해야만 된다'는 것이다. 하나님의 불이 내 마음 속에 타오르고 있었다. 나는 책상 앞에 앉아 있다가 벌떡 일어나서 빠른 걸음으로 마루에 나가 기도도 하고 하나님 앞에서 울며 부르짖기도 했다. 내 마음은 현재 내가 하고 있는 일에 있지 않았다. 나는 멀리 떨어져 있는 밭을 보고 있었다. 나는 무슨 일이 있어도 직접 갈 수밖에 없다고 생각했다. 나는 지금 내가 머물러 있는 곳에서는 결코 만족할 수 없었다.(오스왈드 스미스 2019:160).

선교사역은 사람의 일이 아닌 하나님의 사역이기 때문에 하나님께서 주관하시는 것이다. 하나님의 온전한 부르심이 없이 하는 선교사가 있다면 그것은 그냥 하는 일에 불과하다. 요한복음 15장 16절에 "너희가 나를 택한 것이 아니요 내가 너희를 택하여 세웠나니 이는 너희로 가서 열매를 맺게하고 또 너희 열매가 항상 있게 하여 내 이름으로 아버지께 무엇을 구하든지 다 받게하려 함이라"고 말씀하고 있다. 선교사는 내가 가는 것이 아닌, 하나님이 택하여 세운자들이다. 그러므로 부르심의 확신이 없다면 택함받은 자가 아닌 것이다.

오스왈드 스미스의 '부르심'에 대한 뜨거운 마음을 우리는 아래의 문장에서 느낄 수 있다.

아직 복음이 한 번도 전파되지 않은 지역이 방대하게 남아 있다. 당신은 아직도 개척자가 될 수 있다. 만일 하나님께서 당신을 부르셨다면, 당신은 가는 것을 주저하지 마라 누구에게도 선교사가 된다는 명예보다 더 위대한 명예는 주어지지 않을 것이다. 당신은 우리 주님의 대사가 될 것이다. 충성하라 그리하면 생명의 면류관이 당신 것이 될 것이다.(오스왈드 샌더스 2019:171).

물질에 초월

선교사가 되려면 먼저 물질에 초연한 자세가 필요하다. 왜냐하면 선교사 이전에 기독교인들은 세상에서 참 진주를 발견한 자들이기 때문이다. 마태복음 13장 44절에서 46절 "천국은 마치 밭에 감추인 보화와 같으니 사람이 이를 발견한 후 숨겨두고 기뻐하며 돌아가서 자기의 소유를 다 팔아 그 밭을 사느니라 또 천국은 마치 좋은 진주 하나를 발견하매 가서 자기의 소유를 다 팔아 그 진주를 사느니라" 44절의 "자기 소유를 다 팔아"라는 구절이 있고 46절에도 "자기 소유를 다 팔아"라는 구절이 있다. 즉 우리 기독교인이 예수를 믿는 것은 세상의 제일 좋은 재산을 다 팔아 하늘의 보화를 산 것이다. 이것이 바로 우리 기독교인들의 물질관의 출발이 되는 것이다.

구약에 엘리사의 종 게하시가 있었다. 엘리사는 나아만 장군의 문둥병을 고쳐주었고 사례를 하려고 했지만 결코 받지 않았다. 그때 게하시는 나아만의 뒤를 따라가 재물을 몰래 받게 되었다. 실상 게하시는 그냥 종이 아니라 엘리사에게 주의 종의 수업을 받는 위치에 있었다. 그런데 결말은 물질 때문에 비참한 최후를 맞게 되었다. 그에 대한 기록은 열왕기하 5장에 나온다.

> 언덕에 이르러서는 게하시가 그 물건을 두 사환의 손에서 받아 집에 감추고 그들을 보내 가게 한 후 들어가 그의 주인 앞에 서니 엘리사가 이르되 게하시야 네가 어디서 오느냐 하니 대답하되 당신의 종이 아무데도 가지 아니하였나이다 하니라 엘리사가 이르되 한 사람이 수레에서 내려 너를 맞이할 때에 내 마음이 함께 가지 아니하였느냐 지금이 어찌 은을 받으며 옷을 받으며 감람원이나 포도원이나 양이나 소나 남종이나 여종을 받을 때이냐 그러므로 나아만의 나병이 네게 들어 네 자손에게 미쳐 영원토록 이르리라 하니 게하시가 그 앞에 물러나오매 나병이 발하여 눈같이 되었더라.(왕하5:24-27).

게하시는 엘리사의 뒤를 이어받지 못하고 돈의 종이 되었다. 가룟유다처럼 하나님을 빌미로 돈을 훔쳐가는 도적이었던 것이다. 오히려 일반 직업을 가졌더라면 자신과 후손들이 나병환자가 되는 저주를 받지 않았을 것이다. 나아만의 나병

걸린 사건은 남의 나라 이야기가 아닌 선교사들과 직접 관련되어 있기 때문에 선교사 지원자들이나 선교사들은 언제나 가슴에 새겨야 할 것이다.

하나님께서 택하여 부르신 선교사라면 우리가 자비량을 통해서, 또는 후원자들을 통해서 입히시고 먹이시고 사역에 필요한 부분들을 채워주실 것이다. 어떤 선교사에게는 풍성하게 어떤 선교사에겐 겨우 먹을 것만, 하나님께서 선교지에 아직까지 머물고 있다면 분명 하나님의 섭리가 있는 것이다. 주변을 돌아볼 때 어려운 자가 있다면 서로 돕는 것이 하늘의 뜻을 이루는 것을 잊지 말아야 할 것이다. 선교사의 입에서 떠나지 않는 말이 있다. "나는 선교지에서 물질이 필요해요!" 어느 선교사에게든지 물질이 필요하기 때문이다. 선교사로 출발할 때 세상의 재산을 다 버리고 선교지로 온 사람들도 많이 있다.

찰스 스터드는 145,000달러를 다른 사람에게 나누어 주었다. 그는 자기 나라에서 호화스러운 생활을 할 수 있었지만 주님의 나라를 위하여 선교사로서 중국가는 길을 택했다. (오스왈드 스미스 2019:157). 그 당시의 환율로 계산한다면 상상을 초월할 것이다. 즉 이런 선교사들은 하늘나라 복음을 위하여 세상의 재물을 다 버린 것이다. 그런데 예수님 당시의 부자 청년이 소문을 듣고 찾아와서 제자가 되고 싶었다. 모든 관문은 통과되고 한가지 질문만 남았다.

> 이르되 어느 계명이오니이까 예수께서 이르시되 살인하지 말라 간음하지 말라 도둑질하지 말라 거짓 증언하지 말라 네 부모를 공경하라 네 이웃을 네 자신과 같이 사랑하라 하신 것이니라 그 청년이 이르되 이 모든 것을 내가 지키었사온데 아직도 무엇이 부족하니이까 예수께서 이르시되 네가 온전하고자 할진대 가서 네 소유를 팔아 가난한 자들에게 주라 그리하면 하늘에서 보화가 네게 있으리라 그리고 와서 나를 따르라 하시니 그 청년이 재물이 많으므로 이 말씀을 듣고 근심하며 가니라(마 19:18-22).

부자 청년은 한가지 버리지 못했다. 자기가 가지고 있는 많은 재산이다. 2천년전이니 그 청년도 이미 죽었고 예수님의 제자들도 죽었다. 만약 그 청년이 재물을 가난한 자들에게 다 나누어 주고 주님의 제자가 되었다면 가고 오는 세월속에 모범이 되었을 텐데, 그 재물을 하늘나라의 보물과 바꾸지 못했다. 즉 주님의 선교사가 된다는 것은 주님을 믿기 시작하면서, 선교사가 된 후에도 물질에 대한 애착이 없어야만 승리자가 되는 것이다.

구약의 엘리사 그는 하나님의 종이며 신유의 선지자였다. 그러나 재물은 없었다. 그러나 게하시처럼 물질을 탐하지 않고 받지 않았다. 이것이 바로 오늘날 기독교인나 선교사, 기독교 지도자에게 요구되는 것이라 본다. 선교사들은 선교지에 '무엇인가' 업적이 있으면 자신도 모르게 어깨가 올라갈 수도 있다. 그러나 그것은 착각 일뿐이다. 부르신 분이 하나님이시고 이루신 분이 하나님이시다. 우리는 다만 그분의 부름에 순종하면 사역은 끝난 것이다. 우리의 책임은 없는 것이며 단만 '우리가 최선을 다했느냐'가 문제일 뿐이다.

그리고 선교사는 후원 교회에 가서, 자신이 가지고 있는 재산을 다 바치라고 설교를 해야만 한다. 이유는 위에서도 언급한 것을 보면 알 수 있을 것이다. 예수님 자신도 부자청년에게 "네 재물을 가난한 자들에게 나눠주고 나를 따르라!"한 것처럼 말이다. 우리 자신이 재물에 대하여 떳떳하고 자신이 있다면 과감하게 외쳐야만 한다. "살아생전 정신이 온전할 때 우리의 재산을 다 드리고 하나님 앞에 서야만 합니다." 듣는 사람에 따라서 불쾌하게 여길 사람도, 또 그들의 자녀들도 있고 '이 교회 다니지 말아야지' 할 사람도 나올 것이다. 그럼에도 불구하고 외쳐야만 한다. "하늘나라를 위하여 주의 복음을 위하여, 선교를 위하여 부자나 가난한 자들도 다 드려야 합니다" 그러면 그중에는 하나님이 그 마음을 감동해 드리는 사람이 나올 것이다. 주님은 모든 사람이 세상 재물없이 하나님의 심판대 앞에 서기를 원하신다.

그리고 오스왈드 스미스의 "선교사가 되려면"이라는 책을 많이 인용하게 되는데 그는 당시 70여개국을 방문하여 선교사역을 했고 자신이 섬기는 교회를 통해 67개 선교지 400명의 선교사를 후원한 당대 최고의 선교행정가로 알려졌다. 1928년 선교중심의 교회인 '코스모 폴리탄'교회를 설립했다. 그가 남긴 30여권의 저술은 130개의 언어로 번역 출간되었다. 그는 물질에 대하여 중요한 이야기를 한다.

> 아주 많은 사람이 자기가 죽을 때 자신의 돈을 선교에 사용하라고 '유언' 하겠다는 생각을 갖고 있다. 그들은 그렇게 해야 상 받을 자격이 갖춰 진다고 생각하는 것 같다. 그러나 하나님께서는 죽어서 세상을 떠난 후에야 자기 돈을 나누어 주는 사람들에게 상 주시겠다고 약속하지 않으셨다. 이 사실을 당신은 아는가? 마지못해서 하는 그런 일로 인해 어떻게 상을 받을 수 있겠는가? 하나님께서는 "그 몸에 행한 것을 따라" 상급을 받게 될 것이라고 분명하게 말씀하고 계신다. 우리가 살아있을 동안에 행한 일에 대해서만 상급을 받게 된다는 말이다.(오스왈드 스미스 2019:113).

그의 말은 진리이다. 우리는 수많은 기독교 신자들에게 자신이 갖고 있는 세상의 재물을 다 드릴 수 있도록 말씀을 전해야 한다. 오스왈드 스미스는 오래전 이땅에 와서 주의 복음을 위하여 선교를 위하여 헌신했던 하나님의 종이다. 그가 목회하던 지난 세기에도 성도들이 마음으로만 선교를 위해 드리고 하나님 앞에 서야지 했다. 아주 많이, 오늘날 역시 그런 기독교인들이 많이 있다. 나이드신 성도님들은 유언을 하지 못하고 혼수상태에 있다가 하나님의 부르심을 받는 분도 많고 어떤 분은 치매로 바른 생각을 갖지 못한 채 주의 부르심을 받을 수 있다.

그래서 나이드신 어르신들은 정신이 온전할 때, 주님께 일찍 드려야 한다. 그러면 마음이 홀가분해 지고 내가 주님을 위하여 물질을 드렸고, 이 재물은 주의 복음을 위하여 사용되어진다는 생각을 하면 자면서 웃음이 절로 날 것이다. 특히 하나님의 이름으로 생긴 재물들을 자식들에게 나눠주고 그냥 죽는다면 분명 하나님의 심판이 임할 것이다. 목회자나 선교사도 주님께 다 드려야하고 불로소득을 취하면 안된다. 주님이 부자 청년에게 하신 말씀, "네 재물을 가난한 자들에게 나눠주고 와서 나를 따르라!" 이 주님의 말씀은 불변의 진리이다. 내 것을 주님을 위하여 다 드리면 하늘의 보화가 분명 내려온다.

순교할 각오

주를 따라가는 길은 나를 부인하고 십자가를 지고 주님을 따르는 것이다. 예수님의 열두제자는 부자청년처럼 바칠 것이 없었지만 가룟유다만 빼고 모두 순교로서 하나님께 영광을 돌렸다. 제자들을 하나님이 부르셨고 순교 역시 하나님의 선택으로 된 것이다. 하나님 앞에서는 어떤 것이라 할지라도 우연은 없고 필연만 존재하는 것이다.

오스왈드 스미스는 순교적 삶을 살다간 아프리카 선교사 '댄 크로포드'에 대하여 이렇게 설명하고 있다.

그가 아프리카를 향해 떠날 때 그는 19세의 소년에 불과했고 집안의 외아들이었다. 글래스고 정거장에 모인 적은 무리 가운데 그의 어머니가 서 계셨다. 한 친구가 그의 어머니에게 위로의 말을하자 그 어머니는 "하나님께서는 그의 아들도 아끼지 않으셨단다"라고 대답했다. 22년이 지난 후 에야 그녀는 자기 아들을 다시 만날 수 있었다. 그렇다 22년 후다. 그는 아프리카에서 단 한번의 안식년도 없이 22년을 고생한 것이다. 댄 크로프드는 그의 아들을 그 곳에 묻었으며 형언할 수 없는 외로움 가운데 지내기도 하고 계속해서 열대병에 시달렸으며 몇번씩이나 죽을 고비를 넘기면서도 견뎠고 갖은 고난을 당했다. 나는 시카코에 있는 학교에 다닐 때 그에 관해 비로소 듣게 되었는데 결코 그를 잊지 못할 것이다. 그는 56세의 나이로 세상을 떠났다.(오스왈드 스미스 2019:189).

'댄 크로프드'는 주의 복음을 위하여, 선교를 위하여 자신의 한 몸을 바쳤다. 그것은 바로 산 순교였던 것이다. 이런 각오가 없다면 선교사로서의 자격은 없다고 본다.

그리고 예수님이 십자가 지실 때 그 상황이 무서워서 다들 도망가는 존재였지만 오순절 마가의 다락방에서 성령의 세례를 받은 후에는 놀라운 주의 능력을 받게되고 하늘의 권능을 덧입게 되었다. 그렇게 연약했던 베드로는 한번 설교할 때 3천명이 회개하고 하나님께 돌아오는 기적의 역사가 나타났다. 사도들의 사역이 사도행전에 잘 나타나고 있다. 결국에는 제자들은 자기 목숨을 주님을 위하여 드리는 자리에까지 가게 된 것이다.

선교사의 최종 목적지는 순교에 이르도록 헌신하는 것이다. 자기를 부인하지 않고는 결코 선교사가 될 수 없다. 그렇다고 순교도 마음대로 할 수 있는 것은 아니다. 하나님의 허락이, 하나님의 축복이 있어야만 가능한 것이다. 순교도 하나님이 힘주셔야만 가능한 것이다. 평소에 순교를 주장하는 사람은 정작 그 순간이 오면 배교할 수 있다.

그러고보니 선교사는 낭만을 꿈꾸는 자가 아니라 주님을 위하여 목숨을 버릴 수 있는 자만 가능한 것이다.

1부
선교란 무엇인가

3장
선교사로서의 기초훈련

3장 선교사로서의 기초훈련

1. 선교사 훈련학교

　선교사로서 하나님의 부르심과 선교사로서 죽을 각오가 되어 있다면 선교지로 출발을 해야 하는데 그냥 갈 수는 없다. 꼭 훈련을 받아야 한다. 우리 대한민국의 젊은 청년이라면 국토와 방위를 위하여 군 복무를 해야 하는데, 먼저 논산훈련소에 가서 기본적인 군사 훈련을 받게 되어있다. 이곳에서 받는 훈련은 자기가 제대할 때까지 받는 훈련의 연장선이기 때문에 충실히 훈련에 임해야 한다.

　병이나 장교나 기초 군사훈련 없이는 자대에 배치되지 못하고, 장교들 역시, 정해놓은 기초 군사훈련 없이는 장교로 임관이 되지 아니한다. 필자 또한 3사관학교에서의 훈련을 마치고 졸업을 해서 장교로 임관할 수 있었던 것이다. 역시 선교사도 선교지에 가기전에 선교사 훈련을 받아야 한다. 필자는 특이하게도 평신도로서 바울 선교회의 한국 훈련과 필리핀의 선교훈련을 마치고 선교사로서 사역을 시작한 것이다.

하나님의 선교 병사로서 그냥 선교지에 뛰어드는 것은 무모한 것이다. 이은무는 "한국선교를 깨운다"라는 자신의 저서에서 훈련에 대하여 이렇게 말하고 있다.

> 모세는 하나님께서 이스라엘 백성들을 목적을 가지고 훈련시키셨다는 것을 주지시키고 있다. 우리의 과거를 보면 똑같은 맥락에서 해석할 수 있다. 우리에게 거는 하나님의 기대가 있으시다. 그 삶의 목적을 위해 지금까지 나를 훈련시켜 오셨다는 것을 알게 된다. 하나님이 주신 모든 훈련과정이 어려웠을 때 그 의미를 되새기며 경험을 최대한으로 이용할 생각을 갖는 것도 과거를 의미 있게 만드는 것이다.(이은무 2006:121).

하나님께서 모세를 이스라엘 백성의 지도자로 삼으실 때도 광야의 40년 훈련을 거쳐 이스라엘 백성의 지도자로 삼으셨던 것이다. 하나님께서도 훈련되어 있지 않는 사람을 쓰는 법이 없으셨다. 신약의 예수님의 12제자들도 갑자기 오순절 마가다락방에서 성령의 세례를 받고 곧 바로 복음을 전한 것이 아니라 이미 예수님과 3년간 동거 동락하며 훈련을 받았고 바울 역시 아라비아 광야의 3년간의 고독한 훈련을 마치고 선교지로 투입된 것이다. 주님 앞에서 훈련없이 되는 것이 없다.

이은무는 "공식 훈련이란 선교회가 정해 준 과정을 이수하는 것을 말한다. 선교회마다 차이는 있지만 적어도 1년간의 시간을 정해놓고 훈련을 시킨다. 훈련 기간은 길면 길수록 좋다고 말하고 싶다."(이은무 2006:122). 한국 선교계의 산증인 이은무 선교사의 말이다. 즉 훈련 기간이 길수록 제대로 배울 수 있기 때문인 것이다. 조급한 마음으로 선교지에 뛰어들어서 좋을 것이 없으며 되는 것도 없는 것이다.

타문화권의 선교지로 가기 전, 선교사 훈련기관에서 열심히 훈련을 받을수록 성공적인 선교사역이 될 것이다.

2. 문화 적응훈련

선교사로 나가는 자들은 타문화권의 문화 적응훈련이 필요하다. 그럼 먼저 '문화란 무엇인가'를 알아야 할 것이다. 손창남은 문화에 대해서 이렇게 말하고 있다.

> 문화의 뜻을 검색해 보았더니 문화를 한마디로 정의하기란 불가능하다고 나온다. 공감이 되는 말이다. 누구나 알고 익숙하게 사용하는 단어지만 깔끔하게 설명하기에는 어렵고 복잡하다는 의미일 것이다. 그렇다고 해서 문화가 무엇인지 설명하는 것은 불가능하니 그냥 넘어갈 수는 없다. 일반인들이 알고 있는 문화의 기본적인 이해를 가지고 시작해 보자 쉽게 말하자면 모두 사람과 관련된 것이다. 문화는 사람의 손을 거친 인공적인 것을 말한다. 문화에 상대되는 말은 자연이다. 예를들어 하늘에 떠있는 달은 문화가 아니다. 자연이다. 하지만 어떤 사람이 그 달을 그려서 벽에 붙이면 문화가 된다. 어떤 사람들은 문화를 예술과 관계된 것으로 이해하기도 하는데 예술도 사람이 아는 것이니 광의의 문화에 포함된다. 그러나 이 책에서 말하는 문화는 예술만이 아니라 그보다 훨씬 넓은 의미를 갖는다.(손창남 2019:24-25).

그리고 J.H 바빙크는 선교사는 문화의 전파자로서의 역할도 한다고 말하고 있다.

세계 역사상 선교사업은 문명의 이식과 관계되어 있다. 이것은 초대교회 당시에는 그렇지 않았던 것으로 바울과 그의 동료들은 복음 외에는 아무것도 가르치지 않았다. 그러나 기독교는 북유럽으로 들어가자 점차 왕성하기 시작하던 그리스, 로마문화와 밀접히 관계하기 시작했다. 당시에 미개인들 가운데서 일하던 선교사들은 자기들의 문화적 유익을 사용하기를 주저하지 않았다. 그들은 자신의 높은 문명을 과시할 기회를 늘 이용하곤 했었다.(J.H. 바빙크 2007:125).

그리고 미국 풀러신학교의 문화인류학 교수인 '찰스 크래프트'는 문화의 정의를 이렇게 요약하고 있다. 첫째, 문화는 일종의 대처 메카니즘으로 볼 수 있다. 달리 표현할 수 있는 용어로는 생존을 위한 전략이라는 용어가 있을 수 있다. 둘째, 우리는 문화를 사회 그룹에 속해 있으며 그 사회 그룹에 의해 작동되는 것으로 본다. 셋째, 문화적 체제는 관념들 또는 개념들을 표현한다. 넷째, 이러한 개념들이 문화 행위의 기초가 된다. 다섯째, 문화에 대한 개념과 행위에는 일정한 경향이 있다. 여섯째, 문화는 학습되는 것이다. 문화는 부모나 문화를 배우는 사람들로부터 전수받는 것이다. 일곱째, 문화는 또한 우리가 지금까지 논의한 문화 개념과 행위가 생성되는 것을 기초로 관점들로 구성되어 있다.(찰스크래프트 2010:101-104).

선교사는 자기가 태어나고 자란 같은 문화권으로 파송받아 가는 것이 아니라, 지금까지 경험해보지 못했던 타국으로 가는 것이다 "선교지도 마찬가지이다. 각 종족들은 자신의 정체성이 분명해졌고 자신의 종족에 대한 자부심을 가지기 시작했다. 여기서 문제는 선교사들이 종족의 담을 뛰어넘어 저들과 어울릴 수 있느냐 하는 것이다."(이은무 2006:127).

선교사가 타문화권에서 적응하지 못하면 하나님의 선교를 제대로 할 수가 없을 것이다. 필자의 경우도 대한민국에서 태어나 단일 문화권에서 살아오다가 30년전에 열대의 나라에 와서 메트로 마닐라 중심에서 태권도 사역을 했는데 1년 내내 같은 날씨의 열대지방에서 또 문화가 다른 곳에서 사역할 수 있었던 것은 하나님께서 베푸신 크신 은총이었다고 말할 수밖에 없다. 만약에 필자가 필리핀이라는 타문화권에서 적응할 수 없었다면 하나님께서 원하시는 태권도 사역을 하지 못했을 것이다. 타문화권에서 30년간 사역을 할 수 있게 하신 하나님께 감사를 드린다.

3. 언어 훈련

언어라는 것은 말인데 말을 할 줄 모르면 의사소통이 불가능할 것이다. 30년간 선교사역의 현장에 있었던 이은무 선교사의 언어훈련의 10계명을 요약해보겠다.

1. 좋은 언어 학교를 선택하라. 2. 언어와 단어의 연결이다. 끊임없이 단어를 암기해야 한다. 3. 언어와 문화는 친구 관계이다. 4. 언어에는 수준이 있다. 5. 선교지의 사람은 나의 선생님이라 생각해야 한다. 일상생활에서 저들을 만나 묻고 배우려는 자세가 필요하다. 6. 외국인은 외국인일 수밖에 없다. 7. 시작할 때 끝내야 한다. 8. 사람들과 접촉을 자주하라. 9. 성격을 고쳐야 한다. 선교사는 수다쟁이가 되어도 좋다. 10. 언어에는 마스터란 말은 없다. (이은무 2006:128-129).

필자는 선교사로 나갈 것을 염두에 두고 영어 공부를 한 것은 아니었지만 하나님께서 나를 준비시키셨다. 사관생도시절부터 시작하여 졸업하여 자대에 배치되어 소대장 시절에

미군부대에 일하면서 언어를 배웠고 선교사로 나가기 위하여 바울선교회의 국내와 필리핀에서 영어 훈련을 받았다. 필자의 경우는 하나님께서 선교사로 보내시려고 일찍부터 언어를 준비케 하셨다.

신약 성경의 바울 선교사는 유대인이었지만 헬라말을 할 수 있었다. 사도행전 21장37절의 "바울을 데리고 영내로 들어가려 할 그 때에 바울이 천부장에게 이르되 내가 당신에게 말할 수 있느냐 이르되 네가 헬라 말을 아느냐" 그때에 천부장이 놀랐던 것이다. 베드로 사도는 유대인으로서 히브리말만 했었고 이방의 사도로 부름받은 바울은 당시의 세계 언어인 헬라말을 할 수 있었다. 그것으로 인해 바울 선교사는 효과적으로 이방인들에게 복음을 증거할 수 있었다. 선교사에게 있어서 언어는 중요한 것이기에 언제나 배움의 자세로 임해야 한다.

4. 영성 훈련

이은무는 선교사의 영성에 대하여 이렇게 말을 한다.

> 선교사의 영적 사명은 영적 성숙에서 나온다고 본다. 그러기에 선교사
> 가 영성을 잃어버리면 모든 것을 잃어버린 것이나 마찬가지이다. 선교
> 사의 영성이 다른 사역자보다 더 강해야 할 이유는 사역의 특성상 고도
> 의 헌신이 요구되기 때문이다. 선교현장의 영적 싸움은 더욱 치열하기
> 때문에 많은 희생을 요구할 수 있다. 선교사의 헌신의 정도가 높으면 높
> 을 수록 영적 싸움은 더 치열해질 것이다. 그러나 헌신의 정도에 따라서
> 하나님은 승리를 가져다 주실 것이다. 반대로 선교사의 영성이 안일하
> 고 안주하는 자세로 머물러 있다면 사탄은 싸울 가치가 없다고 생각할
> 지 모른다. 그러한 선교는 성공을 보장받을 수 없다. 진정 이 시대가 필
> 요로 하는 선교사는 전시체제의 선교사이어야 한다.(이은무 2006:93).

선교사에게 영성이 없다는 것은 마치 군인이 총을 들었는
데 총알이 없다는 말과 흡사하다. 전쟁터에 나가는 군사는 분
명히 총과 함께 실탄이 있어야 한다. 예를 들어 예수님의 제
자들은 만왕의 왕 예수님과 3년이나 동거동락하며 훈련을 받
았다. 하지만 그들에게는 한가지 성령의 세례가 아직 임하지
못한 상태였기 때문에 주님이 십자가를 지는 상황에서 뿔뿔

이 흩어지고 앞길이 캄캄했다. 하지만 오순절의 성령의 세례는 제자들이 이제까지 경험해 보지 못한 세계를 경험하며 그야말로 영성이 최고조로 강하게 되었다. 사도들은 복음을 위하여 증거할 때 놀라운 성령의 역사로 신비한 기적이 나타나고 병들이 치료받는 역사가 나타났다. 제자들은 자신들이 생애가 다하는 동안 성령으로 인한 영성이 충만했던 것이다. 즉 제자들은 성령충만을 늘 공급을 받아야 했는데 그것은 기도를 통해서만 가능했던 것이다.

> 하나님의 권능과 뜻대로 이루려고 예정하신 그것을 행하려고 이 성에 모였나이다. 주여 이제도 그들의 위협함을 굽어보시옵고 또 종들로 하여금 담대히 하나님의 말씀을 전하게 하여 주시오며 손을 내밀어 병을 낫게 하시옵고 표적과 기사가 거룩한 종 예수의 이름으로 이루어지게 하옵소서 하더라 빌기를 다하매 모인 곳이 진동하더니 무리가 다 성령이 충만하여 담대히 하나님의 말씀을 전하니라(행4:28-31).

제자들은 영성이 약해질 때마다 하나님께 기도하면 성령의 충만함을 입게 되고 또 앞으로 전진할 수 있었던 것이다. 필자도 선교사로 출발하기전에 작정기도로 성령의 충만함을 받았으며 선교지에 와서도 예수님의 제자들이 한 방법대로 기도함으로 영성이 유지되고 성령의 충만함을 받을 수 있었다. 영성이 약해지면 전방에서 사역을 할 수 없다. 선교사는 영성이 살아있어야만 주님의 사역을 감당할 수 있는 것이다.

1부
선교란 무엇인가

4장

선교사의 제자 훈련

4장 선교사의 제자 훈련

1. 예수님의 제자 훈련

예수님에게는 12명의 제자가 있었다. 예수님은 홀로 사역을 하지 않고 12명을 부르신 것이다. 여기에는 시사하는 바가 크다. 전도나 선교는 홀로 하는 것이 아니라 더불어 하는 것임을 우리에게 보여주는 것이다. 즉 하늘나라는 우리 모두 더불어 가는 나라이지, 누가 한사람 독단으로 가는 나라가 아님을 보여준다. 그 아름다운 하늘나라에 나 혼자 간다면 그것이 무슨 의미가 있겠는가.

예수님은 이 땅에 와서 공생애를 시작하시면서 먼저 제자들을 부르셨다. 똑똑한 제자들을 부른 것이 아니라 주님이 보시기에 쓸만한 자들을 부르셨다. 어떤 조건도 없이 하나님의 부르심을 받은 자면 합격이 되는 것이다. 주님은 시작부터 끝까지 제자들의 미래를 이미 아신 분이셨다. 우여곡절을 겪으며 제자들은 신앙의 훈련에 접어들었고 몇 년 가르침을 받으니까 주님에 대하여 좀 알것 같은데 주님이 세상 떠날 이야기가 나오고 하니, 제자들은 갈팡질팡 했다. 그런데 주님은 이 세상에 오셔서 사역을 하신 후에는 하늘나라로 가셔야만 했다.

제자들은 주님의 죽음과 부활과 살아나셔서 제자들과 함께한 마지막 시간들과 성령의 세례 등은 제자들을 성숙하게 했고 제자들은 각지에 흩어져 온 세계에 복음을 전하는 구심점이 되었다. 예수님의 제자훈련 사역은 참으로 성공적이었다고 말하고 싶다. 여기에서 주님은 처음 제자로 불렀을 때에 성령세례를 주시지 않는 이유를 우리는 생각해야 할 것이다. 3년간의 제자훈련을 마치고 성령세례를 받게 하신 것은, 먼저 인간은 이성적 동물임을 보여주는 것이다. 먼저 고민하고 갈등하고 노력을 다하다가 얻게 하시려는 하나님의 깊으신 뜻이 있는 것이다.

2. 성경 암송 훈련

필자는 전도사나 목사님 그리고 선교사를 막론하고, 하나님의 말씀을 깊이 묵상하고 암송해야 한다고 본다. 필자는 사관학교 다닐 때, 예수를 영접하고 멘토이신 변희관 목사님으로부터 제자 양육을 받았는데 그분 역시 네비게이토에서 제자훈련을 받으신 분이었다. 제자 양육가운데는 하나님의 말씀을 암송하게 되는데 이 말씀은 결국 나를 양육하게 되었다. 즉 하나님의 말씀이 나를 양육시킨 것이다.

하나님의 말씀을 암송하게 되면 그 말씀이 나를 인도하시게 되어있다. 지금 코로나 19로 인하여 현장 예배에 참석하지 못하고 온라인으로 예배를 드리는데, 성경이 말하는 마지막 환난의 때가오면 산으로 들로 도망가고 우리 목숨을 부지하지 못할 때가 온다. 요한 계시록 13장 9절에서 10절의 "누구든지 귀가 있거든 들을 지어다 사로잡힐 자는 사로잡혀 갈 것이요 칼에 죽을 자는 마땅히 칼에 죽을 것이니 성도들의 인내와 믿음이 여기 있느니라"고 말씀하고 있다.

이런 때가오면 온라인 예배는 사라지고 오프라인 예배가

올 것이며, 우리가 지금 가지고 다니는 종이로 만든 성경책도 이땅에는 없을지도 모른다. 그때에 필요한 것이 바로 하나님의 말씀이다. 이 말씀을 암송하고 있으면 어느 때나, 암송하고 있는 말씀으로 예배를 드릴 수 있고 강한 신앙 무장이 될 수 있다. 선교사들은 지금 코로나 시기에 지역에 가서 말씀 전하지 못해서 안달난 사람이 많이 있다. 하루에도 수없이 변하는 선교사의 마음을 가지고 하나님을 대신한다는 착각을 버려야 한다. 말씀만이 자신들의 길이 되고 빛이 된다는 것을 가르쳐야 한다.

선교사는 떠나도 하나님의 말씀은 현지인들과 함께하려면 그들을 제자삼아 성경구절을 암송시키면 세상 끝날까지 하나님의 말씀이 함께 하실 것이다. 최소한 선교지의 제자들에게 1천구절 정도만 암송시켜도 그 말씀은 치매가 걸리지 않는 한 죽는 날까지 함께하실 것이다. 왜냐하면 성경은 오리지널 하나님의 말씀이기 때문이다.

> 너희가 성경에서 영생을 얻는 줄 생각하고 성경을 연구하거니와 이 성경이 곧 내게 대하여 증언하는 것이니라(요5:39).

> 하나님의 말씀은 살아 있고 활력이 있어 좌우에 날선 어떤 검보다도 예리하여 혼과 영과 및 관절과 골수를 찔러 쪼개기 까지 하며 또 마음의 생각과 뜻을 판단하나니(히4;12).

3. '믿음의 말' 훈련

　선교사는 현지에서 제자들을 양육하게 되는데, 제자들은 제3세계의 사람들이기에 모든 것이 부족하고 또 경제적인 어려움등으로 대부분 자신감이 결여되어 있을 수 있다. 그런 제자들을 향하여 성경적인 소망의 메시지를 전달해주지 못한다면 나중에 큰 문제가 될 수도 있다. 성공적인 소망의 메시지가 필요하다.

　선교사는 자신의 삶 속에 부정적인 언어를 제거해야 하겠고, 역시 현지 제자들에게도 그렇게 가르쳐야 한다. 성경을 구약 창세기부터 신약의 요한 계시록까지 살펴보면 사람이 죽고사는 문제가 혀에 달려 있음을 알게 된다. 잠언 18장 21절에 "죽고 사는 것이 혀의 힘에 달렸나니 혀를 쓰기를 좋아하는 자는 혀의 열매를 먹으리라"고 말씀하고 있다. 우리나 현지인들이 어려우면 부정적인 소리를 하기 쉽다. 그러나 그것은 멸망으로 가는 지름길임을 알아야 한다.

　구약의 이스라엘 백성들이 모세를 따라 애굽에서 나왔고

광야의 훈련을 받을 때 모세를 원망했다. 출애굽기 17장 3절에 "거기서 백성이 목이 말라 물을 찾으매 그들이 모세에게 대하여 원망하여 이르되 당신이 어찌하여 우리를 애굽에서 인도해 내어서 우리와 우리 자녀와 우리 가축이 목말라 죽게 하느냐"라고 모세와 하나님께 원망했던 것이다.

하나님께서는 이스라엘 백성의 원망의 소리를 듣고 계셨고 애굽에서 태어난 자들은 가나안 땅에 들어가지 못했고 오직 여호수아와 갈렙만이 가나안 땅에 입성하게 되었다. 여호수아와 갈렙은 누구인가.

모세가 각 지파에서 한 사람씩 뽑아서 가나안 땅을 정탐하게 해서, 40일 만에 되돌아오게 되었는데 10명의 정탐꾼이 부정적인 이야기를 했다. 민수기 14장 1절에 "온 회중이 소리를 높여 부르짖으며 백성이 밤새도록 통곡하였더라"고 말씀하고 있다. 10명의 정탐꾼의 부정적인 이야기는 이스라엘 회중을 쑥대밭으로 만든 것이다.

그리고 회중들은 다시 애굽으로 돌아가자고 난동을 부렸다. 그때에 여호수아와 갈렙은 자기들의 옷을 찢어가며 "우리가 두루 다니며 정탐한 땅은 심히 아름다운 땅이라 여호와 께서 우리를 기뻐하시면 우리를 그 땅으로 인도하여 들이시고 그 땅을 우리에게 주시리라 이는 과연 젖과 꿀이 흐르는 땅이니라 여호와를 거역하지 말라 또 그 땅 백성을 두려워하지 마라 그들은 우리의 먹이라 그들의 보호자는 그들에게서 떠났고 여호와는 우리와 함께 하시느니라 그들을 두려워하지 말라"(민14:7-9). 이 때 회중들이 돌로쳐 죽이려 했다.

그때에 하나님께서 이 사건에 개입하신다.

> 너희 시체가 이 광야에 엎드러질 것이라 너희 중에서 이십 세 이상으로서 계수된 자 곧 나를 원망한 자 전부가 여분네의 아들 갈렙과 눈의 아들 여호수아 외에는 내가 맹세하여 너희에게 살게 하리라 한 땅에 결단코 들어가지 못하리라 너희가 사로잡히겠다고 말하던 너희의 유아들은 내가 인도하여 들이리니 그들은 너희가 싫어하던 땅을 보려니와 너희의 시체는 이 광야에 엎드러질 것이요(민14:29-32).

하나님께서 이렇게 진노하셨던 것이다. 이유는 한가지 하나님의 말씀을 믿고 순종하는 것이 아니라 하나님의 능력과 권능을 믿지 못하고 스스로 가나안 사람들에 대하여 무서워하고 하나님의 믿음을 화합하지 못했기 때문이다. 이것은 선교지에 제자들에게 국한된 상황이 아니라 초신자부터 장성한 믿음의 분량까지의 성도에게도 필요한 말씀이고 목사님 그리고 선교사들에게 필요한 말씀이요. 여러가지 부족한 가운데서 생활하는 현지 제자들에게 더욱 중요하다고 본다. 즉 부정적인 말을 하는 것은 결국 믿음이 없다는 것이다. 믿음이 있다는 것은 우리 입술 속에서 부정적인 말을 제거하는 것일 것이다.

> 그러므로 우리는 두려워할지니 그의 안식에 들어갈 약속이 남아 있을지라도 너희 중에는 혹 이르지 못할 자가 있을까 함이라 그들과 같이 우리도 복음 전함을 받은 자이나 들은 바 그 말씀이 그들에게 유익하지 못한 것은 듣는 자가 믿음과 결부시키지 아니함이라(히4:1-2).

우리가 죽고 사는 것, 우리가 하늘나라에 가고 못가는 것은 '믿음의 말'에 달려있는 것이다. 선교사들은 최선을 다하여 자기 생활에 적용을 하고, 현지 제자들에게도 '믿음의 말' 훈련을 잘 시켜 좋은 결과를 얻어야 할 것이다.

4. 바른 제자 훈련

예전에 한국에서는 제자 훈련의 붐이 일어났던 적이 있다. 그러다가 제자 훈련의 문제점이 많이 드러나면서 주춤해 지기도 했다. 예수님이 제자들에게 훈련시킨 제자도를 모범으로 삼아야 하는데 제자 훈련의 리더가 예수님의 제자보다는 자기의 제자로 만드는 경우가 있다면 이 역시 본질에서 벗어난 것이다.

장기명은 '하나님의 심장으로 뛰는 제자들'이라는 책에서 제자훈련에 대하여 이렇게 질문을 하고 있다.

> 과연 제자 훈련이 주님의 제자들이 소유했던 제자의 도와 일치하는가에 대해서 질문을 던져야 한다. 왜냐하면 오늘날 제자훈련이 교회 성장의 수단이 되었다는 비판 때문이다. 이것은 목회자들의 편협적인 제자도 이해와 편향적 제자훈련 적용이 주원인이다. 이 역시 본질을 상실한 제자훈련에 대한 목회자들의 매너리즘 현상일 수 있다. 메너리즘이 야기시킨 제자훈련의 본질적 가치의 상실은 무리한 주장이 아니다.(장기명 2019:179).

바울이 고린도후서 11장 2절에 "내가 하나님의 열심으로 너희를 위하여 열심을 내노니 내가 너희를 정결한 처녀로 한 남편이 그리스도께 드리려고 중매함이로다".고 말하고 있다. 바울은 결코 예수님이 아니었고 자신도 예수님의 제자요 자신의 제자들을 예수님의 제자로 만들려고 애를 쓰고 있고, 자신은 '중매쟁이'에 불과하다고 말하고 있다.

선교지에 사역하는 선교사들은 리더로서 바른 제자관을 가져야 한다. 분명 주님은 마태복음 28장 19절에서 20절에 "그러므로 너희는 가서 모든 민족을 제자로 삼아 아버지와 아들과 성령의 이름으로 세례를 베풀고 내가 너희에게 분부한 모든 것을 가르쳐 지키게 하라 볼지어다 내가 세상 끝날까지 너희와 항상 함께 있으리라 하시니라"라고 말씀하고 있다. 선교사로 타문화권에 파송받은 선교사는 이 말씀에 귀를 기울이고 현지인을 제자로 만드는 일에 최선을 다해야만 한다.

여기서 분명한 것은 하나님과 사람 앞에서 '바른 제자'훈련을 해야한다. 나의 제자 만드는 것은 금물이고 오직 예수님의 제자로 만들어야 하고, 주님을 위하여 죽을 수 있는 바른제자를 만들어야 한다.

1부
선교란 무엇인가

5장

선교지의 상황화

5장 선교지의 상황화

1. 토착화와 상황화

먼저 '토착화'란 사전에 이렇게 말하고 있다. '어떤 제도나 풍습, 사상 따위가 그 지방의 성질에 맞게 동화되어 뿌리를 내리게 됨 또는 그렇게 함' 그리고 '상황화'란 단어는 1972년 교역을 위한 인간의 교육과 변화라는 관점에서 출발한 WCC 의 신학기금 문서 중에서 목회와 상황이라는 제목으로 처음 사용되었다. '상황화'는 '현장화'라 할 수 있으며, 순응, 적응, 문화화, 토착화라는 용어들과 연관성을 갖는다. 교회 설립을 목표로 하는 소위 '토착화' 원리는 더 이상 시대적으로 어울리지 않는 개념이 되고 말았다. 결국 토착화를 대신할 다른 원리의 출현이 필요했는데 여기서 '상황화'가 탄생하게 되었다.(교회 용어사전 인터넷).

전호진은 자신의 책 '선교학'에서 이렇게 정리하고 있다. "현대 선교 신학은 토착화의 방법론에 대해 아직 일치점에 도달하지 못하였다. 먼저 용어에 있어서 과거에는 '토착화'로 사용하여 왔으나 70년대에 이르러 '상황화'로 표현하는 이들도 있다. 현대 선교는 과거의 '토착화'라는 용어보다는 '상황화'를 토착화로 대치한다."(전호진 2018:174-175).

조귀삼 교수는 복음적 상황화 신학과 진보적 상황화 신학에 대하여 이렇게 정리하고 있다.

> 선교지의 상황 속에서 복음을 증거하여 그들 속에 토착화하기 위해서 성경해석은 너무나 중요한 과업이다. 성경은 진리라는 사실에 대해서는 너무나 중요한 과업이다. 성경은 진리라는 사실에 대해서는 누구도 부인할 수 없다 그러나 절대적 진리인 성경의 해석은 자신의 입장에 따라서 각각 다르게 적용할 수 있다. 즉 상황화 속에는 성경(text)과 상황(context)의 관계가 나오는데 복음적 상황화 신학이란 text가 context를 주관하게 되며, 진보적 상황화 신학은 context가 text를 주도하는 관점으로 변화된다.(조귀삼 2004).

즉 토착화는 과거의 용어이고, 상황화는 오늘의 용어이다.

2. 성경의 상황화

전호진은 구약과 신약에서 상황화의 수용과 거부에 대하여 말하고 있다.

> 요셉은 신앙이 철저한 인물이지만 애굽의 총리가 되었을 때 애굽의 이름을 가짐으로 애굽의 문화에 적응하였다. 그는 이방인의 타락한 윤리는 단호하게 배격하였으나 이방의 문화에 적절하게 적응하는 균형을 보였다. 여기서 우리는 신자로서 세상 문화에 대하여 거부와 수용의 태도가 함께 요구됨을 알 수 있다.(전호진 2018:181).

전호진은 이어서 신약의 사건도 이야기한다. "먼저 예수님은 당시 유대인들의 풍속과 전통을 무조건 따르지 아니하고 신랄하게 비판하고 개혁하셨다. 이것은 유대의 잘못된 전통 문화와 풍속에 대한 도전이다. 이로 인하여 예수와 그의 제자들은 핍박이 불가피 했다. 따라서 토착화(상황화)란 잘못된 전통 문화를 무조건 수용하는 것이 아니라 핍박을 각오하고라도 거부하고 개혁해야 하는 것이다."(전호진 2018:181).

바울은 고린도 전서 7장 18절에서 20절에 이렇게 말하고 있다. "할례자로서 부르심을 받은 자가 있느냐 무할례자가 되지 말며 무할례자로 부르심을 받은 자가 있느냐 할례를 받지 말라 할례 받는 것도 아무것도 아니요 할례 받지 아니하는 것도 아무 것도 아니로되 오직 하나님의 계명을 지킬 따름이니라 각 사람은 부르심을 받은 그 부르심 그대로 지내라"

바울의 이말은 우리 선교사들에게 시사하는 바가 크다. "복음을 전하는 선교사는 복음만을 전하고 선교사 본국의 문화를 전하지 않도록 해야 한다."(손창남 2019:129). 성경에는 선교지 상황화에 대한 수용과 거부를 볼 수 있다.

그리고 다니엘서 1장 1절부터 마지막 절까지의 내용을 살펴보면 다니엘과 세 친구들이 그들의 문화를 거부했다. 그러나 놀라운 하나님의 은총이 있었다. 이스라엘 백성 중, 왕족과 귀족 몇 사람 즉 흠이없고 용모가 아름다우며 지혜와 지식이 충만한 사람들을 왕이 필요로 했다. 그때에 다니엘과 세 친구가 뽑혔다. 그런데 그들에게는 왕의 음식과 그가 마시는 포도주를 날마다 주게 되어있었다. 삼년이 지난 후 왕 앞에 서게 되어 있었다.

그런데 하나님의 사람 다니엘은 결심한 바가 있었다. '왕의 음식과 그가 마시는 포도주로 나를 더럽히지 아니하리라' 그래서 환관장에게 말을 했다. "내가 내 주 왕을 두려워하노라 그가 너희 먹을 것과 너희 마실 것을 지정하셨거늘 너희의 얼굴이 초췌하여 같은 또래의 소년들만 못한 것을 그가 보게 되면 너희 때문에 내 머리가 왕 앞에서 위태롭게 되리라" 그때 다니엘이 말했다. "당신의 종들을 열흘동안 시험하여 채식을 주어 먹게하고 물을 주어 마시게 한 후에 당신 앞에서 우리의 얼굴과 왕의 음식을 먹는 소년들의 얼굴을 비교하여 보아서 당신이 보는 대로 종들에게 행하소서" 열흘 후에 다니엘과 세 친구들의 얼굴이 더욱 아름답고 살이 더욱 윤택하게 되었다. 그래서 그들에게는 왕의 음식과 포도주를 제하고 채식만 먹이게 되었다.

그들은 이방문화, 즉 왕의 음식과 포도주는 자기 나라에서 먹지 않던 금하는 음식이었다. 그래서 다니엘은 거부했다. 분명 하나님은 기뻐하셨고 왕의 진미를 먹던 또래의 청년들보다 얼굴이 더욱 아름답고 살이 더욱 윤택했던 것이다. 이 청년들은 이방의 음식 문화를 수용하지 않고 거부했지만 그것은 바로 하나님의 뜻이었고 섭리였다. 비록 왕의 진미를 먹지 않았지만 그 나라에서 자란 채소는 먹었다. 그것은 다니엘과 세 친구에게는 상황화의 경계선이라고 볼 수 있다. 만약 환관장에게 "나는 채소도 안 먹고 물만 먹겠습니다."라고 말했다면 다니엘과 세 청년은 왕의 명령 불복종으로 죽음을 면치 못했을 것이다.

분명 성경은 선교지의 문화에 수용도 말하고 있고 거부도 말하고 있다. 선교지에서 어디까지 '상황화'가 가능한 것인가는 늘 숙제가 될 것이다. 그런데 다니엘과 세 친구는 진퇴양난의 상황 속에 고민하고 기도했을 때, 다니엘에게 지혜와 총명을 주시었다.

3. 바른 상황화와 혼합주의 상황화

오랫동안 인도네시아 선교사였던 손창남은 상황화의 노력
들에 대해서 아래와 같이 말한다.

> 선교사가 기독교가 전혀 전해지지 않은 지역에 가서 복음을 전할 때 예
> 수를 따르는 사람들에게 어떤 정체성을 심어 줄 것인가 하는 것은 문화
> 와 선교에서 중요한 이슈다. 낯선 복음이 전해진다면 그 복음의 확산은
> 더디게 일어날 수밖에 없다. 만약 불교가 유일한 종교 체계인 지역에서
> 선교사가 서구식 기독교를 전한다면 사람들은 복음을 초문화적 진리로
> 받아드리는 것이 아니라 서양과 관계있는 어떤 것이라고 생각할 것이
> 다. 현지인들이 복음을 낯설게 느끼지 않도록 하기 위해서는 복음을 토
> 착화하는 노력이 필요하다.(손창남 2019:145-146).

이방인의 선교사 바울은 고린도전서9장 19절에서 23절까
지에서 복음의 바른 상황화를 말하고 있다.

> 내가 모든 사람에게서 자유로우나 스스로 모든 사람에게 종이 된 것은
> 더 많은 사람을 얻고자 함이라 유대인들에게 내가 유대인과 같이 된 것
> 은 유대인을 얻고자 함이요 율법 아래에 있는 자들에게는 내가 율법 아
> 래에 있지 아니하나 율법 아래에 있는 자 같이 된 것은 율법 아래에 있는
> 자들을 얻고자 함이요 율법 없는 자에게는 내가 하나님께는 율법 없는

자가 아니요 도리어 그리스도의 율법 아래에 있는 자이나 율법 없는 자
와 같이 된 것은 율법 없는 자들을 얻고자 함이라 약한 자들에게 내가 약
한 자와 같이 된 것은 약한자들을 얻고자 함이요 내가 여러 사람에게 여
러 모습이 된 것은 아무쪼록 몇 사람이라도 구원하고자 함이니 내가 복
음을 위하여 모든 것을 행함은 복음에 참여하고자 함이라,(고전9:19-23).

바울은 이방인의 선교사였다. 그가 위와 같이 노력하고 애
쓴 것은 '아무쪼록 몇 사람들이라도 구원하고자 함'이라고 말
하고 있다. 목적이 뚜렸했다. 영혼구원이 목표였던 것이다.
그것을 위하여 상대방을 면밀히 관찰하고 접근해서 그들과
함께 동화되기를 원했다. 이것은 바울 자신을 위한 것이 아
니요 주님나라를 위하여, 선교를 위하여, 영혼 구원을 위해서
그랬던 것이다. 바울이 영혼 구원을 위하는 길이라면 자신이
취할 수 있는 최선의 방법, 바른 상황화를 시도했던 것이다.

그런데 바울은 갈라디아서 1장에 다른 복음에 대해서 말하
고 있는데 주위를 기울여야 한다.

그리스도의 은혜로 너희를 부르신 이를 이같이 속히 떠나 다른 복음을
따르는 것을 내가 이상하게 여기노라 다른 복음은 없나니 다만 어떤 사
람들이 너희를 교란하여 그리스도의 복음을 변하게 하려 함이라 그러나
우리나 혹은 하늘로부터 온 천사라도 우리가 너희에게 전한 복음 외에
다른 복음을 전하면 저주를 받을지어다.(갈1:6-8).

바울이 고전 9장 19절에서 20절까지에서는 복음의 상황화에 대하여 부드럽고 유순했는데 갈라디아 1장 6절에서 8절까지에서는 분노가 극에 달한다. "우리가 너희에게 전한 복음 외에 다른 복음을 전하면 저주를 받는다." 바울은 영혼 구원을 위하여는 상황화에 노력을 했지만 그것이 다른 복음이거나 섞인 복음이거나 유사복음이라면 용납을 하지 않았다.

즉 선교지에서 모든 것이 상황화가 가능한 것이 아니다. 바른 상황화는 이미 구약의 요셉과 다니엘 그리고 바울을 통하여 말하고 있다. 기독교가 인도에 전파되면서 힌두교에 접목되고, 불교 국가에 전파되면서 불교와 혼합이 되고 이슬람 국가에 복음이 전파되면서 이슬람식 기독교가 된다면 이것은 혼합주의 상황화가 되는 것이다. 이런 것을 주님이 원하시는 것이 아닐 것이다. 그런데 오늘날에는 종교 다원주의로 인하여 종교가 혼합하고 '모든 종교는 같다'라는 식의 길을 가고 있는 때이다. 우리 개신교는 중세 천주교의 부패와 타락으로 종교개혁자들의 목숨을 걸고 진주보다 아름다운 하나님의 말씀을 다시 세상에 밝히게 되었다. 바울처럼 복음을 위하여 많은 것을 상황화한다 할지라도 넘어서면 안되는 것도 있는 것이다.

선교사는 선교지의 바른 상황화가 무엇인지? 혼합주의 상황화가 무엇인지? 제대로 알아야만 바른 선교가 될 것이다.

1부
선교란 무엇인가

6장
선교지의 타 종교

6장 선교지의 타 종교

1. 타 종교와 기독교 혼합주의

우선 한국의 종교 사상을 관찰하면 제일 먼저 무속 종교가 있다. 이것은 수천년 전부터 내려오는 것이며 아직도 우리 가운데 존재하는 것이다. 그 바탕 위에 1500년간의 불교의 옷이 입혀졌고 그 위에 유교가 그 다음에는 기독교가 들어오게 되었다. 그러니까 한국의 종교 사상은 샤머니즘 바탕위에 하나씩 덧칠하게 되는데 유교, 불교, 기독교가 본래의 모습만을 간직하게 되는 것이 아니라 혼합주의 현상도 나타나게 되는 것이다. 유교, 불교, 기독교는 세계적인 종교이기 때문에 이것을 분석하는 것은 타 문화권으로 가는 선교사들에게는 매우 유익하리라 본다.

이훈구는 기독교 혼합주의에 대하여 이렇게 설명하고 있다.

한국에 가장 늦게 전래되어 125여년 된 기독교는 전통종교인 샤머니
즘, 불교, 유교를 개혁 시키기는 고사하고 오히려 전통종교에 수용되
어 기독교 안에는 혼합종교의 사상과 요소가 적지 않게 자리를 잡고 있
다.(이훈구 2012:340).

이훈구는 이어서 한국 불교의 혼합성에 대해서 말을 한다.
"한국 불교의 특징은 본래의 인도나 중국의 불교가 아니라 한
국적인 샤머니즘과 결합하여 혼합적인 형태의 요소를 나타
내 보이고 있다"(이훈구 2012:345). 즉 인도의 불교가 한국에
전래되면서 한국의 무속과 결합된 여러가지 경향을 볼수 있
다는 것이다.

그리고 유교가 있는데 이것은 중국으로부터 전래된 것이
다. '유교'라고 말하기 때문에 어찌보면 종교적 성격이 있다.
'죽은 조상에게 제사를 드리는 것' 등 오랜시간 동안 '유교는
종교인가?'라는 논쟁이 있었다. 1995년 유럽에서 '유교는 종
교이다'라고 발표해서 상당한 혼란이 있었다고 한다. 그러다
가 나중에 '유교는 종교가 아니다'라고 확정 발표했다. 사실
유교는 종교라기 보다는 학문의 대상인 진리를 추구하는 것
이기 때문에 종교라 말하기는 거리가 있다고 본다. 즉 유교는
중국에서 한국으로 전래된 높은 학문이며 그 생활과 삶의 가
르침은 우리 조상들과 지금 우리까지 영향을 미치고 있다고

보겠다. 그러므로 여기서는 유교의 혼합주의를 기록하지 않 겠다.

그리고 기독교의 혼합주의에 대해서 말을 하자면 먼저 이 야기한대로 샤머니즘, 불교, 유교의 영향권에 있던 한국에 100여년 전에 기독교가 들어왔기 때문에 이 역시 기독교 혼 합주의가 생길 수밖에 없었다. 지금 우리 기독교인들은 자신 도 모르는 채 행하고 있는 것이다.

이훈구는 "추도 예배를 드릴 때 음식을 차려놓고 지방 대신 고인의 사진을 놓고 예배를 드리는 것은 혼합주의 예배이다" 라고 말하고 있다.(이훈구 2012:357). 여기서는 작은 예를 하 나 사용한 것뿐이다. 그는 기독교의 혼합주의 사상을 배격하 는 방법을 아래와 같이 말하고 있다.

> 한국 기독교에 흡수되어 기독교를 변질시키고 있는 혼합주의 사상을 제 거하고 순수한 복음중심의 교회로 나아가도록 하기 위하여 다음과 같이 교회 스스로가 개혁하고 변화하여야 한다고 본다. 첫째, 성경적인 복의 개념을 정립하여야 하고 둘째, 성경적인 바른 교회론을 확립하여야 하 며 셋째, 성경적인 바른 성령론이 확립되어야 하고 네째, 성경적인 바른 예배관이 정립되어야 하며 다섯째, 성경적인 바른 생활신앙이 정립되어 야 한다.(이훈구 2012:359).

2. 선교지 타 종교 접근방법

선교사가 타 문화권에 가게 되면 수많은 종교를 보게 될 것이다. 우선 세계 종교를 꼽는다면 기독교, 불교, 이슬람교가 있다. 이것은 세계의 3대 종교이다. 다음으로는 이슬람, 힌두교, 그리고 중국 전통신앙, 부족신앙, 아프리카 전통, 시크교, 주체사상, 스피리티즘, 유대교, 바하이교, 자이나교, 신토, 까오다이교, 조로아스터교, 천리교, 한국 민간 신앙, 유니테리언주의, 라스타파리 운동, 사이언톨로지교, 등 수많은 종교가 존재한다. 그런데 선교사가 바른 기독교적인 사상도 확립이 되지 못했다면 이것은 큰일이 아닐 수 없다. 그러기 때문에 자신이 믿고 있는 기독교의 신앙을 다시한번 점검해야 한다. 타종교의 땅에서 복음을 증거해야 하기 때문에 마음 가짐을 잘 가져야 한다. 필자가 30년동안 사역했던 곳은 필리핀인데 이곳은 카토릭 세력으로 이미 국민들 마음 속에 자리 잡은 곳이다. 그런데 "카토릭은 이단이다"라며 처음부터 가르치면 문제가 발생할 수 있다. 또한 불교 국가 아니면 이스람 국가에서는 더 힘든 상황이 될 수도 있다.

그런 선교사들을 위하여 2천년전에 바울은 타종교인들과의 접근 방법에 대해서 아래와 같이 말하고 있다.

바울이 아레오바고 가운데 서서 말하되 아덴 사람들아 너희를 보니 범사에 종교심이 많도다. 내가 두루 다니며 너희가 위하는 것들을 보다가 알지 못하는 신에게로 라고 새긴 단도 보았으니 그런즉 너희가 알지 못하고 위하는 그것을 내가 너희에게 알게 하리라 우주와 그 가운데 있는 만물을 지으신 하나님께서는 천지의 주재시니 손으로 지은 전에 계시지 아니하시고 또 무엇이 부족한 것처럼 사람의 손으로 섬김을 받으시는 것이 아니니 이는 만민에게 생명과 호흡과 만물을 친히 주시는 이심이라 인류의 모든 족속을 한 혈통으로 만드사 온 땅에 살게 하시고 그들의 연대를 정하시며 거주의 경계를 한정하셨으니 이는 사람으로 혹 하나님을 더듬어 찾아 발견하게 하려 하심이로되 그는 우리 각 사람에게서 멀리 계시지 아니하도다 우리가 그를 힘입어 살며 기동하며 존재하느니라 너희 시인 중 어떤 사람들의 말과 같이 우리가 그의 소생이라 하니 이와 같이 하나님의 소생이 되었은즉 하나님을 금이나 은이나 돌에다 사람의 기술과 고안으로 새긴 것들과 같이 여길 것이 아니니라 알지 못하던 시대에는 하나님이 간과 하였거니와 이제는 어디든지 사람에게 다 명하사 회개하라 하셨으니 이는 정하신 사람으로 하여금 천하를 공의로 심판할 날을 작정하시고 이에 그를 죽은자 가운데서 다시 살리신 것으로 모든 사람에게 믿을만한 증거를 주셨음이니라 하니라(행17:22-31).

바울은 그리스 아덴의 다른 종교를 섬기는 사람들을 향하여 "종교심이 많도다"하며 부드럽게 접근을 하고 있다. 만약 이자리에 성격 급한 유대인의 사도 베드로가 있었다면 참지 못하고 다른 신을 섬기는 아덴 사람을 향하여 저주를 퍼부었을지도 모른다. 그러나 바울은 결코 그러지 않았다. 다른 종교를 가진 사람과의 접촉점을 찾았던 것이다.

우리는 다른 타종교인들을 구원을 할 목적을 가져야지, 저주의 대상으로 생각한다면 무엇인가 잘못된 길로 가고 있는 것이다. 타 종교 사람들을 구원한다고 하면서 접근하다가 자기가 타 종교인이 되는 경우도 간혹있다. 바울처럼 하나님의 말씀에 굳건히 서있어야만 된다. 바울의 아레오바고 설교는 타종교의 접근 방법에 대해서 우리에게 교과서가 될 것이다.

2부
태권도란 무엇인가

1장

태권도의 역사

1장 태권도의 역사

1. 올림픽 경기종목 태권도

태권도는 우리 민족이 자랑하는 무술이다. 그러나 세계 무대인 올림픽 종목에는 포함되지 않았었다. 태권도가 올림픽 종목에 포함되려면 여러가지 좋은 조건과 많은 노력이 필요했던 것이다.

한국의 무도들은 일제 강점기를 지나 1960년대가 되서야 외형적 체계를 갖춰 나가고 있었다. 태권도 역시 1961년 대한 태수도협회가 창립되고 1963년에야 대한 체육회 가맹경기단체 가입과 제44회 전국체육대회 경기 종목으로 채택되기에 이른다. 이후 1965년 대한 태권도협회로 개정하는 과정을 통해 국내 태권도 단체의 통합에 대한 열의가 무르익고 있었다. 이즈음 태권도는 경기단체로서의 모습을 갖추고 다양한 활동을 벌이고 있었지만 뚜렷한 변화와 발전없이 답보상태에 머물고 있었다. 실제로 국내에는 30여개 관이 난립해 수련이나 대회가 치러지는 실정이었다.(서완석.서성원.천호준 2018:189).

당시 태권도계의 현상을 지금 우리는 보고 있는 것이다.

한국 태권도계의 원로 김운용은 사후에 제자들에 의해서 쓰여진 "김운용, 태권도를 세우고 세계를 호령하다"의 저서에서 태권도가 올림픽 정식 종목 채택을 위해서 혼신을 다해 뛴사람이 김운용이라고 밝히고 있다.

그는 타고난 기억력과 유창한 외국어, 그리고 특유의 친화력을 앞세워 국제 스포츠 무대의 강자로 군림했다. 그가 활약하는 동안 한국 스포츠는 아시아의 변방에서 세계 굴지의 스포츠 외교 중심국으로 급부상 했다. 각종 국제 대회와 국제회의가 한국에서 열렸다. '코리안 가라테'로 겨우 연명하던 태권도를 세워 세계화했고 마침내 올림픽 정식 종목으로 가입시켰다. 사마린치의 도움이 컸다해도 김운용의 활약이 없었다면 불가능한 일이었다. 당시 세계 경제 2위국 일본이 민 가라테, 새로운 경제 강국으로 부상한 중국의 '우슈'조차 해내지 못한 쾌거를 그는 해냈다.(서완석. 서성원. 천호준 2018:305-306).

정순천은 말하기를 "김운용의 타고난 외교력과 정치력에 힘입어 태권도는 오늘날의 모습처럼 세계속의 태권도로 정착 되었다."(정순천 2018:48). 이렇게 태권도는 2000년 시드니 올림픽 때부터 정식종목으로 채택되었으며 세계인들이 별로 알아주지 않는 작은 나라의 한국에서 태권도가 올림픽에 참가하면서 부터 놀라운 일이 벌어진 것이다. 이일로 우리가 제일 잘하는 태권도로 금메달을 딸수도 있고 우리의 태권도 사범들은 전 세계에 초청되어 태권도 교육을 시키고 제3세계의 제자들이 태권도로 금메달 또는 은메달, 그리고 동메달을 획득하므로 그 국가에 희망과 용기와 또 경제적으로도 유익을 주니, 태권도로 인하여 전세계 운동인들과 사람들이 대한민국의 태권도를 향하여 찬사를 보내고 있는 것이다.

　김운용은 시작부터가 운동선수가 아니요, 연세대학교를 다니다가 한국전쟁으로 통역장교를 시작했고 미국의 군사학교에서 공부를 했으며 중령으로 제대한 후에 외교관의 길을 걸었고 미국에 머물 때 태권도에 관심을 가진 것이 시작이 되어 나중에는 한국 태권도의 발전을 위한 길을 걸었던 사람이다. 국제 태권도 관계 속에 그의 유창한 영어실력은 IOC위원들을 설득해 태권도가 올림픽 종목으로 가입하는데 큰 공을 세운 것이다. 지금은 우리 나라만 태권도를 잘하는 것이 아니라 전 세계에 고루 분포되어 있다. 태권도가 올림픽에 가입된 것은 어느 한사람의 노력보다는 하나님의 뜻이고 섭리이다. 우리 한국을 알지 못하는 전세계의 사람들과 제3세계 사람들에게 한국을 알게 하신 것이다. 즉 이것은 전세계의 그리스도로의 복음을 증거하시려는 하나님의 계획인 것이다. 인류의 모든 역사는 하나님의 뜻대로 흘러가는 것이다.

2. 태권도 역사

　태권도는 우리 고유의 무술인가 아니면 근래에 생겨난 무술인가 여러 다양한 의견들이 있다. 그런데 태권도는 우리의 조상들로부터 시작된 민족 무술임을 알 수 있다. 먼저 태권도의 원형이라 할 수 있는 자료들이 많이 있다. 특히 고대의 고분벽화나 불상, 서적에서 잘 나타나 있다. AD427, 당시 고구려의 수도였던 만주 집안현 동구에 있는 무용총 현실 벽화가 대표적이다. 두 사람이 일정한 간격을 두고 마주보며 손 발로 상대를 공격할 듯한 자세를 보여, 오늘날의 태권도 경기 동작과 유사함을 알 수 있다. 또 석굴암의 금강역사상이나 분황사 모전석탑의 인왕상의 동작은 태권도의 품과 유사하다. 또한 백제의 경우 일본으로 건너가 당시 그들에게 선진 문화권인 백제인들이 맨손 무예를 지도했다. 고려에 와서는 삼국시대에 행해지던 택견(태권도)이 체계화된 무예로서 무인들 사이에서 활발히 행해졌다. 근세 조선에 와서도 고려 때와 비슷하게 무인들 사이에 수박희(태권도)가 계속 성행했다. 그리고 현대에 와서, 해방 후 잊힌 우리의 뿌리를 찾아 가게 되었다. 1961년 9월 16일 '대한 태권도협회'가 창설되고 1963년 2

월 23일 대한체육회에 27번째 가맹단체로 가입되어 1963년 10월 9일 전주에서 개최된 제44회 전국체전에 태권도가 공식 경기로 처음 참가하게 되었다.(스포츠 백과)

태권도는 이것을 시작으로 무한한 발전과 성장을 가져오게 되었다. 아주 오랜세월 동안 우리와 함께 해온 태권도가 그냥 민속무술의 자리에 있지 않고 스포츠로서 새롭게 정비하고 연마하여 세계에 빛나는 태권도가 되었던 것이다. 물론 우리 신앙인들이라면 태권에 감추어진 하나님의 깊고 놀라운 뜻이 있음을 발견해야 한다.

서성원은 말한다.

태권도의 역사와 정신은 세계인이 공감하고 공유할 수 있어야 한다.(서성원 2016:57).

그의 말대로 오늘날 태권도는 한국을 떠나 전 세계 무도인들에게 또는 스포츠를 좋아하는 사람들에게 또는 많은 사람들에게 공감과 공유를 안겨주었다. 외국에서 한국 사람은 몰라도 태권도 하면 다 알아듣는 것은 그냥 우연히 된 것이 아니다. 그만큼 태권도라는 씨앗을 뿌렸기 때문이다. 올림픽에 출전한 선수들과 더불어 전 세계에서 활동하는 한국 태권도 사범들이 그동안 태권도를 타문화에 적용하려고 많은 노력이 있었다. 특별히 기독교 복음과 더불어 태권도를 전하는 사범들이 오늘날 점점 많아지고 있다.

3. 북한의 태권도 역사

　남한만 태권도가 있는 것이 아니라 북한에도 태권도가 있다. 남, 북은 서로 다른 민족이 아닌 한 뿌리이기 때문이다. 분단 이후에 북한의 태권도를 살펴보려고 한다. 정순천의 '북으로간 태권도'라는 책에 기록된 것이다.

> 1966년 3월 22일 최홍희가 창립한 대한민국 최초의 국제 기구 국제태권도연맹(ITF)과 김운용이 1973년 5월 28일 창립한 세계태권도연맹(WT)은 모두 서울에서 창립되었다. ITF망명과 WT 재등장과 함께 태권도 역사는 또 다른 모습으로 시작되어 지금까지 정리되지 못한 채 이어오고 있는데 근래에 와서는 일반인들에게 북한태권도 연맹(ITF)과 한국태권도(WT)로 알려지고 있다.(정순천 2018:48).

　북한의 태권도 역사는 최홍희로 부터 시작된다. 그는 1918년 함경북도에서 출생했고 일본 중앙대에서 수학했으며 1945년 서울군사학교(국군창설요원). 그리고 1959년에 대한태권도협회를 창설했다. 1961년 육군소장 예편, 1962년 초대 말레이시아 대사, 1966년 국제태권도연맹 창립(총재), 1972년 캐나다로 망명, 1980년 북한태권도 보급, 1966년-2002년 국제태권도연맹(ITF)총재, 2002년 타계함.(정순천 2018:177-178). 이것이 북한 태권도를 보급과 발전시킨 최홍희의 역사이다. 현대 북한 태권도의 시작은 역시 대한민국에서 시작되었고 최홍희는 여러가지 정치적 상황 때문에 캐나다로 나중에는 북한으로 가게된 것이다.

> 대한민국 군 창설자로 활동한 최홍희는 1972년 망명 전까지만 해도 전군에 남태희를 비롯, 군 관계자와 태권도를 보급한 장본인이다. 이승만 정권하에서 태권도란 무도명을 창시해 냈으며 1959년 초대 대한태권도협회 창립을 거쳐 1966년 국제태권도연맹(ITF)을 창립한 태권도사의 산증인의 역사이고 진정한 태권도의 창시자이다. (정순천 2018:178-179).

2부
태권도란 무엇인가

2장
현대 태권도 형성과정

2장 현대 태권도 형성과정

1. 청도관

청도관은 모체관 중 제일 먼저 개관했다. 창설자인 이원국 (1907-2003)은 일본에서 중앙대학 법학과 재학 시 쇼도간에 입문하여 공수도의 개조로 알려진 '후나고시 기찐'문화에서 5년동안 수련을 받고 4단을 취득했다.(태권도 용어정보사전). 그는 귀국해서 청도관을 개관하게 되었다.

이원국은 '젊은 청년의 꿈과 기개가 파도처럼 퍼져 나가라'는 뜻에서 청도관이라 이름 붙였다. 청도관의 '도'는 자신이 수련했던 일본 공수도 본관인 '송도관'의 '도'에서 따온 것으로 보인다. 그 시기 청도관에서 무술을 배운 사람은 손덕성, 엄운규, 현종명, 이용우, 백준기, 최규식, 유응준 등이었다.(서성원 2016:61-62).

"안국동으로 청도관을 옮긴 이원국은 얼마 되지 않아 당수도 연무대회를 개최했다. 명동의 시공간에서 열린 이 연무대회는 한국 최초의 현대적 무술대회로 일컬어진다. 당시 연무대회는 승패를 가르는 성격보다는 수련의 정도를 선보이는 자리였다."(서성원 2016:62-63). 엄운규 원로는 당시 청도관에서 일을 이렇게 말하고 있다.

> 청도관은 다른 관들과는 달리 승급심사를 엄격하게 했다. 6개월에 한번씩 승급심사를 했는데 한 가지 형을 몇 개월 동안 배워야 했기 때문에 진력이 날 정도였다. 이것을 이겨내지 못한 일부 관원들은 승급심사를 하지 못하고 중도에 그만 두어야 했다. 청도관은 다른 관처럼 가장 더운 날과 추운 날을 택해 수련을 했다.(서성원 201:62).

지금까지 청도관의 역사에 대해서 알아 보았는데 일본에서 무도를 배운 이원국이 한국에 처음 뿌리를 내리게 되었다. 그 의의가 크다고 하겠다.

2. 무덕관

무덕관은 1945년 11월 9일 서울 용산역 부근의 철도국에서 황기(1914-2002)에 의해 교통부 소속 운수부 당수도부로 창설됐다.(태권도 용어정보사전 2011).

> 황기는 1955년 전국에 9개 지관을 개관하고 '한.중 친선 당수도 국술연무대회'를 개최하는 등 해마다 당수도 연무대회를 지속적으로 개최하며 무덕관을 확장해 나갔다.(서성원 2016:64).

이 대회는 국제행사로는 유사이래 최초로 개최된 것으로 기록됐다. 황기는 1952년 한국 경찰전문학교 사범을 비롯해 1953년 전국 중고등학교사범, 1954년 마포 서대문교도소 사범 및 그 외 공군, 육군, 해군 사관학교에서 사범으로 활동했다. 무덕관의 수련생들은 대부분 철도국 직원들로 구성되어 있으며 무실, 신성, 정의를 목표로 하여 수련하였다.(태권도 용어정보사전).

황기는 '대한태권도협회' 창립과정에서 1962년 8월에 탈

퇴를 하고 1963년에 미국으로 이주해 '수박도'를 전파했다. 1974년 미국연맹을 창설하고 웨스트포인트 육군사관학교에 '수박도'가 개설되었다. 황기는 죽는 날까지 무도인의 자세를 잃지 않았고 자기의 분야에서 최선을 다한 사람으로 알려지고 있다.

3. 조선연무관 권법부

조선연무관 권법부는 1946년 3월 3일 전상섭이 개관했다. 그는 학창시절 유도를 배웠고 일본으로 건너가 동양척식대학에서 '가라테'를 배웠다. 일본에서 돌아온 그는 소공동에 있는 일본 강덕관 조선지부 도장에서 무술을 배웠는데 이곳은 유도를 가르치는 곳이었다. 전상섭은 이 곳에서 유도 유단자들에게 '가라테'를 가르치다가 '권법부'간판을 내걸은 것이 '조선연무관 권법부'의 모태가 되었다는 설이 유력하다. 당시 조선연무관 권법부에서는 가라테 즉 '공수도'를 가르쳤다.(서성원 2016:64-65).

조선연무관 권법부는 서울에서 태동했지만 체계적인 발전은 전북 전주를 중심으로 한 지관을 통해 이뤄졌다. 첫 지관은 1947년 5월 17일 전일섭이 개관한 군산체육관이었다. 그 후 전주, 군산, 이리를 중심으로 김제, 정읍, 남원 등 전라북도 지역으로 관세를 넓혀나갔다. 하지만 한국전쟁이 발발하자 전상섭이 행방불명돼 조선연무관 권법부는 사실상 해체 되었다.(서성원 2016:67).

전일섭(1922-2000)은 다른 관에 비해 대련(겨루기)을 중시해 70년대까지 각종 대회에서 두각을 나타냈다. 무급에서 8급까지 상, 중, 하로 나눠 관원을 지도했고 관번은 입관일만을 기준으로 삼지않고 급을 고려하여 관번이 지정되었다.(태권도용어 정보사전 2011).

무술인에게도 한국 전쟁은 예외가 아니었다. 분단의 아픈 현실을 가슴에 부여안고, 우리 기독교인들은 복음으로 통일이 되게 해달라고 하나님께 기도해야 할 것이다.

4. 중앙기독교청년회(YMCA)권법부

이 권법부는 1946년 9월 윤병인이 개관했다. 그는 만주를 유랑하면서 설렵한 무술과 일본 가라테의 장점을 혼합한 독특한 무술을 제자들의 특성과 체격조건에 맞게 지도했다.(서성원:2016:67-68). 도야마 간켄에게 가라테 4단을 받은 윤병인은 대학 가라테부에서 사범 생활을 했다. 고국이 해방이 되자 경성농업학교에서 체육교사를 하며 전상섭과 친분이 있어 조선연무관 권법부에서 무술을 가르치기도 했다. 한국 전쟁 때 종적을 감추었고 1951년 7월 북한과 유엔군의 휴전협상이 되자 그는 북한으로 갔다.(서성원 2016:84-85).

YMCA권법부 수련은 오후 4시 30분부터 시작되었고 초창기 수련 광고에 5백명이 모집되었는데 수련의 강도가 높아 3개월 후 180명으로 줄었다. 한국 전쟁 후 이남석과 김순배는 중앙기독교 권법부 재건을 위해 노력했으나 창설자 윤병인이 납북돼 내부 갈등을 빚게 된다. 1986년 6월 이남석이 미국으로 이민가면서 김순배가 창무관장을 맡게 된다. 창무관 이름은 영창고등학교의 창자와 무도인의 무자를 합해 명명한 것으로 두 마리의 용을 상징물로 삼았으며 관훈은 충효, 성실, 인내였다.(태권도 용어정보사전 2011).

5. 송무관

송무관은 1944년 3월 노병직이 황해도 개성시 동흥동에 개
관을 했다. 그는 송무관을 재개관 하면서 '공수도'에서 '당수
도 송무관'으로 바꾸었다. 한국전쟁이 끝난 후 개성이 북한
영토가 되면서 송무관은 서울과 인천을 근거지로 지관을 확
장했다.(서성원 2016:69-70).

대한공수도 협회 및 대한태수도협회 창립에 참여한 노병직
은 1963년 12월 한국 태권도 국가대표 선수들이 일본 공수도
선수들과 친선경기를 하러 일본을 방문할 때 감독을 맡았다.
그는 60년대 후반 국제태권도(ITF)부총재로 활동했다. 그는
1980년대 미국으로 이민을 갔고 1992년 12월 제자 강원식의
요청으로 대한태권도협회가 주최한 제1회 태권도 한마당 개
회식에서 고수 품새 시연을 했다.(서성원 2016:87).

2015년 1월 5일, 헤럴드 스포츠에 실렸던 송무관 창설자 노
병직 옹의 30년전 편지의 일부분의 내용을 전하려고 한다.
이것은 1985년 제자들에게 보낸 편지이다. "국외에 태권도

지도를 하며 국위선양에 힘쓰고 있는 사범들의 노고를 진심으로 치하하는 바이다. 본인은 일찌기 우리나라 고유무술을 습득하고 뜻한바 있어 일본으로 건너가서 근대적으로 체계화되어 잘 발달된 공수도를 연구하고 1944년에 2월에 귀국하여 3월 11일 개성시 자남동에 당수도 송무관을 창립한지 어언 41주년을 맞이하게 되었다. -중략- 우리나라 택견은 고구려 시대에 기원하여 신라 특히 고려조 중기 때부터 가장 성황을 이루웠던 것이 이조말기에 문존무비의 악풍과 일제의 탄압으로 인하여 그 자체를 감추고 말았었다. -중략-86아세안게임 선택과 88올림픽 종목 선택은 모든 사람들의 공이라고 하겠다. 본인은 이와같이 태권도가 날이 갈수록 발전되어가고 있는 것을 항상 기뻐하면서"...(헤럴드 스포츠 1985).

송무관 관훈은 예의존중, 극기겸양, 부단노력, 최웅만부, 문성겸전이다.(태권도 정보사전 2011).

2부
태권도란 무엇인가

3장
한국 태권도 발전사

3장 한국 태권도 발전사

1. 수박, 권법, 택견 그리고 태권도

　조선시대 맨손 무예의 역사를 정리해보면 먼저 수박은 그에 대한 기록이 많이 있지만 수박이라는 무예의 실체에 대해서 알기는 어렵다. 확실한 것은 고려시대부터 조선시대까지 존재했다. 이에 따라서 그 전후의 우리 무예들에 많은 영향을 미쳤다. 이런 점에서 권법은 비록 문헌적으로는 중국 명나라군의 무술체계를 도입하면서 발전하였지만 수박의 영향을 받지 않았다고 할 수 없다. 수박의 기록이 사라지는 시점과 권법에 대한 기록이 사라지는 시점과 권법에 대한 기록이 시작되는 시점이 서로 멀지 않으니 상호영향은 필연적이다. 나아가 수박이라는 무예의 명칭이 권법으로 바뀌었을 수도 있다. 수박이나 권법에 비해 택견의 기법은 현존하는 부분이 많고 눈으로 직접 볼 수 있으며 몸소 배워서 그 기법들을 숙달시켜 볼 수 있다. 이런 점에서 택견은 수박과 달리 구체적인 실체가 남겨진 전통 무예라 할 수 있다. 동시에 이 덕분에 택견과 태권도의 비교는 무척 용이하다. 태권도와 택견의 역사적 연관성은 분명하다. 이 역사적 연관성은 독특성 논변, 동일성 논변, 지속성 논변으로 설명된다. 독특성 논변: 택견과 태권도가 다른 어떤 무예와도 분명하게 구별되는 기법체계를 공유한다. 구체적인 예로서 내려차기, 밀어차기, 뒷차기, 후려차기 등의 기법들은 다른 무예에는 없다. 동일성 논변: 택견과 태권도의 기법적 중요한 특징들이 동일하다. 택견과 태권도에서 발차기 기법체계는 핵심 기법들이다. 지속성 논변: 택견은 여전히 전승되고 있다. 태권도의 여러 발차기 기법들은 민속적으로 전승 되었다.(허진석,김방출 2019:112-114).

2. 시대별 태권도

현대 태권도의 시작은 1945년 8월15일 광복 직후 청도관, 송무관, 무덕관, 조선연무관 권법부, 중앙기독교청년회(YMCA).권법부 등 모체관 다섯 곳을 중심으로 이루어졌다. 이 도장들이 분화하여 생긴 아홉 개 관이 1960년대에 합쳐져서 현대 태권도 조직의 모체가 된다. 이 다섯 관들은 현대 태권도를 형성하는 데 있어 중추적 역할을 하였다는 뜻에서 기간 도장으로 손꼽힌다.(허진석,김방출 2019:116-117).

1950년대 태권도

1950년대의 태권도에는 택견의 째차기도 들어가 있고, 중국무술의 품새들도 포함되어 있었다. 하지만 이런 부분에 대해서 누군가가 문제 삼았다는 자료나 징후는 찾기 어렵다. 즉 대중은 한국 사람들이 익히알고 있는 권법을 추구했던 것이다. 그러니 초대 태권도관들이 성립할 때부터 당수도나 공수도라고 불리던 무예는 오키나와나 일본의 가라테와는 다른 무예였다고 볼 수 있다. '수박도대감'에 태극권이 포함되어 있는가 하면 1955년에 최석남이 지은 '권법교본'에 수록된 품새에 단도형도 있다. 당시에 당수도나 공수도로 불리던 태권도는 발차기 중심의 기법들을 강조하기 시작하면서 진정한 무술적 실체를 선명히 드러내기 시작한다. 태권도는 1950년대부터 빠르게 가라테와 차별화되면서 택견과 유사한 무예로 발전할 수 있었던 중요한 환경이 조성되어 있었다.(허진석, 김방출 2019:151).

1960년대 태권도

1960년대는 우리나라가 근대화를 시작하는 시작점이자 한국스포츠가 새 시대를 여는 현대화의 서막이었다. 4.19에 이어 5.16의 혼란과 소용돌이 속에 한국 스포츠는 역사의 새 물결 속에 약진을 하는 전환기였다. 5.16은 우리나라 사회 전반을 완전히 바꾸어 놓았으며 한국 스포츠도 그러한 맥락에서 새롭게 정비하여 발전을 모색했다.(손천택,서성원 2017:70-71).

1960년대에 괄목할 만한 사건은 '태수도'에서 '태권도'로 공식 명칭이 바뀐 것이다. 최홍희는 말레시아 대사를 마치고 한국에 돌아와 1965년 1월에 제3대 대한태수도협회장에 취임하고 본격적인 태권도 활동을 시작한다. 회장 재임시 그의 활동중 제일 큰 업적은 1965년 8월에 태수도에서 태권도로 명칭을 변경한 것이다.(권오민,장권,최광근 2011:20).

1962년에 촬영된 태권도 동영상을 들 수 있다. 태수도협회 시절에 열린 태권도 경기를 녹화한 것이다. 동영상은 당시의 태권도 겨루기가 오늘날의 겨루기 경기 모습과 매우 흡사하다는 사실을 알게 해준다. 발차기 위주의 겨루기, 닫기 기법의 적극적인 사용 등을 볼 수 있다. 또한 돌개 차기, 뒤차기, 받아 차기 등의 기법이 당시의 수련자들에 의해 이미 이루어지고 있다. 당시의 태권도 선수들이 득점에 효율적이고 속도가 빠른 기법들을 오늘날의 선수들처럼 구사하지 못한다는 차이점도 발견할 수 있다.(허진석, 김방출 2019:170).

1970년대 태권도

1972년 11월 30일에 첫 국기원 건물이 대한태권도협회(KTA)의 중앙도장으로 건립되었다. 출범한지 3개월이 지난 1973년 2월 6일에 국기원으로 개원하였다. 태권도의 각 관들을 하나로 묶을 수 있는 상징적인 의미의 도장이 필요했다. 국기원은 1973년 5월 25일 개원기념 제1회 세계태권도선수권대회를 개최했다. 국기원의 건립을 본격적으로 추진한 사람은 대한태권도협회 7대 회장 김운용이다. 김운용은 최홍희와 더불어 우리 태권도 역사에 선명한 발자취를 남겼다. 두 사람의 전인적인 활약은 현대 태권도가 뿌리를 깊이 내리고 세계로 가지를 뻗는데 결정적으로 기여했다. 특히 1973년 서울에서 열린 세계 태권도 선수권대회와 잇달아 이루어진 세계태권도연맹 창설은 우리의 전통무예인 태권도가 세계적인 대중스포츠로 발전해 나가는 데 원동력을 제공한 결정적인 변곡점 중 하나다. 1960년대에는 외형상으로 태권도협회가 창립되고 1970년 초에 통합관의 의미를 지닌 국기원이 설립되었지만 태권도 지도자들은 여전히 각기 나름대로의 기존 관을 유지하려 하였다.(허진석,김방출 2019:182-188).

1980년대 태권도

1980년대에는 대학에 태권도학과가 개설되면서 태권도 단체의 모임이 관을 벗어나 대학을 중심으로 새롭게 형성되었다. 각 대학 태권도 졸업생으로 결성된 대학 태권도 동문회는 태권도 정책이나 태권도 협회의 흐름과 발전에 큰 영향을 미쳤다. 용인대학교, 경희대학교, 한국체육대학교, 우석대학교 등이 대표적이다. 1988년 서울에서 개최된 올림픽 개막식은 태권도를 세계에 알리는 데 크게 기여했다. 1980년대에는 경기 중에 선수들을 보호하기 위하여 일부 규정이 보완. 강화되었다. 몸통보호구 외에 팔다리 보호대와 낭심 보호대 그리고 머리 보호대의 착용을 의무화하였으며, 단일 점수제로 전환하였다. 이 시기에는 겨루기의 경기화가 본격화 되었으므로 다양한 겨루기 전술과 차기 기술이 득점을 하는 데 유리한 방향으로 시도되었다.(허진석, 김방출 2019:198-200).

1990년대 이후 태권도

　1990년대는 국기원과 세계태권도연맹, 대한태권도협회 등 3대 기구가 태권도 발전을 위해 전력투구한 시기이기도 하다. 세계태권도연맹은 1994년 초 태권도의 올림픽 정식 종목 채택을 위해 '올림픽종목채택추진위원회'를 구성하였는데, 국내외 인사 52명이 추진위원으로 참여하였다. 태권도계의 노력은 헛되지 않았다. 1994년 9월 5일 프랑스 파리에서 열린 제103차 IOC 총회는 태권도를 2000년 시드니올림픽 정식 종목으로 채택되었다. 이때까지 올림픽 정식 종목으로 채택된 아시아 전통경기는 일본의 유도와 한국의 태권도 뿐이었다. 또한 올림픽 종목에 한국어가 영어, 프랑스어, 일본어와 함께 올림픽 경기 공식 언어가 되었다. 1990년대는 태권도가 국제적으로 인정을 받기 위하여 경기규칙의 단순화 작업 등 기술과 기법의 부문에서 많은 노력을 기울인 시기이다. 특히 올림픽 정식 종목을 염두에 둔 경기규칙의 전환과 확립이 이루어지는 단계였다. 2000년 시드니 올림픽에 정식종목으로 채택된 이후 태권도에 관심이 높아진 반면 여러 가지 문제점이 노출되면서 관중의 시각에서 경기규칙의 변화가 이루어 진다. 특히 차등 점수제는 득점방식에 따라 최대 4점에서 점수를 부여하도록 개정했다(2009년 1월 14일). 차 등 점수의 재 도입은 몸통돌려차기 위주의 경기형태에서 얼굴 공격등 다양한 발기술을 발휘할 수 있도록 변화시켰다. (허진성,김방출 2019:202-208).

태권도는 해방 전후로 해서 태권도 1세대가 남한과 북한에 관을 세우고 자신이 이미 습득한 무예를 가지고 의욕있게 출발을 했다. 처음부터 태권도가 있었던 것이 아니다. 독자들은 잘 알고 있을 것이다. 1950년의 한국 전쟁으로 인해 무예계도 일단의 혼란이 왔고 격량의 시기였다. 그후 4.19와 5.16을 지나고 태권도는 서서히 스포츠정립의 기틀을 마련하게 된다. 그리고 1980년 호주 시드니에서 태권도가 올림픽 종목으로 채택되자 한국사람은 열광했고, 더욱 태권도는 한국의 무예뿐만 아니라 세계적인 스포츠가 된 것이다. 한국은 모른다 할지라도 태권도하면 세계인이 다 알게 되었다. 분명 태권도는 하루아침에 만들어진 것이 아니라 우리 조상때부터 존재해온 무예로 시작하여 현대의 무예들의 영향을 받아서 오늘에 이르게 되었다.

하나님께서 태권도를 우리 민족에게 허락하신 것은 분명 귀하신 뜻이 있음을 믿는다.

2부
태권도란 무엇인가

4장
태권도 철학

4장 태권도 철학

1. 태권도 도복과 예의

도장은 몸과 마음을 갈고 닦는 곳으로 항상 정숙한 분위기 속에서 수련이 이루어진다. 전통적으로 관장과 사범의 가르침은 엄격하고 엄숙한 가운데 도제 관계로 닦음이 형성되고 있다. 도복은 무예를 닦는 복장으로 필히 가르치는 자는 물론 수련자가 착복해야 할 의복이다. 도복과 띠는 무예인의 질서를 가늠하는 잣대로서 위계적 구분이 분명하다. 그리고 도장에서만이 아니라 일상생활에서 지켜야할 예의 규범이 1971년 대한 태권도협회에서 제정해 두었다. "예의는 마음속에서 우러나와 행동으로 표현되는 높고 값진 인격의 기본이다. 예의 규범을 통하여 이 지구위에 있는 모든 태권도 가족에게 깊은 도복과 띠를 두르고 바르고 품위 있는 예의로서 높은 인류를 만들어 줘야하겠다." 도복은 왜 필요한 것일까 도복은 수

련자가 도를 닦는 복장으로서 질서와 위계를 드러내는 의미
가 깊다. 또한 도복을 입고 벗는 경건한 마음 속에서 도복을
접고 간수하는 법이며 띠는 어떻게 매며 맨 후의 매듭과 띠의
길이 등 도복에 관한 예법을 사범은 입문자에게 자상한 지도
를 해야 한다.(이경명, 김철오 2004:46-47).

　우리는 태권도의 도복에서 깊은 진리를 얻을 수 있다. 도복
은 단순한 의미의 무도복이 아니라 태권도의 정신세계를 함
축하고 있다. 흰 도복은 언제든지 쉽게 오염이 될 수 있다. 그
래서 늘 청결하게 해야한다. 즉 태권도 도복을 입은 수련자들
은 항상 자신을 돌아보며 모든 면에서 '예의'에 부족함이 없
는 사람이 되어야 할 것이다.

2. 태권도 정신

  태권도는 우리나라 국기로서 전세계 우리의 전통무예로 널리 홍보되었는데 처음에는 품새 위주의 호신술로 보급되었으나 점차적으로 대인대전의 겨루기에 비중을 두는 경기로서 각광을 받게 되었다. 이에 따라 태권도가 세계적인 무도 스포츠로서 한국문화의 10대 상징으로서 문화적 가치를 인정받고 있다. 태권도 영역에서의 정신은 기술적 측면에 대응하는 용어로 태권도 기술을 수행함에 있어서 근원적인 의지로 작용한다. 태권도 정신은 태권도인으로서 이행해야 할 바람직한 행위의 실천기준을 제시해준다. 태권도 정신의 필요성은 태권도 발전사의 정립과 더불어 태권도 발전의 중심에 서며 그 정립이 요청되고 있다. 즉 '태권도 정신은 무엇인가' '왜 태권도 정신을 필요로 하는가' '태권도 정신은 태권도 교육에 있어서 어떤 영향을 미치게 되는가' 등의 문제에 대한 지속적인 의문과 필요성이 대두되었던 것이 사실이다. 다음 세가지로 구조화할 수 있다. 첫째, 태권도계에서 공인된 정신의 요청에 부응하기 위해서 필요하다. 많은 지도자들이 태권도를 지도함에 있어서 당면하는 가장 큰 요구는 태권도 발전사의 정립과 공인된 태권도 정신이라 하겠다. 둘째, 태권도 정신은 태권도의 외형적 발전과 더불어 그것을 이끌어갈 수 있는 목표를 설정해주며 확고한 가치를 위해 필요하다. 셋째, 태권도 정신은 태권도 교육에 있어서 근거를 제공하는 데 필요하다. 태권도 정신은 도장에서의 교육교재로서 매우 중요하다. 태권도 정신은 수련자에게 태권도의 근본가치를 인식시킴으로써 바람직한 인간으로의 변화를 기대할 수 있기 때문에 태권도 교육에서 중요한 기초가 된다.(김상진 2010:58-61).

태권도는 보는 시각에 따라 전통주의 역사관과 수정주의 역사관의 차이를 가져오는데 먼저 전통주의 역사관의 입장에서 보면 태권도는 고대로부터 내려오는 전통 무예이며 고구려, 백제, 신라, 고려, 조선시대를 거치며 수정 보완되었다고 볼 수 있다. 그리고 현대의 무예들과 서로 영향을 받으면서 오늘날의 태권도가 세계인의 태권도가 되었는데 그 태권도 안에는 우리 민족의 고유의 무예정신이 녹아있는 것이며 이것은 또한 전세계의 태권인들에게 정신적 지주의 역할을 하고 있다.

3. 태권도 정신의 세분화

태권도 정신을 세분화 한다면 첫째, 평화정신이다. 예를 들면 태권도의 도복 자체가 평화의 상징이다. 태권도에서 도복이 의미하는 철학적 무예성은 도복을 청결히 간수하며 심신을 갈고 닦는 도의로써 중시하는 데 있다. 따라서 태권도는 평화를 사랑하는 한민족의 무예로서 존재하는 것이다. 둘째, 애국정신이다. 어느 무도가 태권도 만큼이나 국위를 선양하며, 조국을 떠나서 생활하는 교포들에게 태권도가 얼마나 많은 자긍심을 일깨워주고 애국정신을 상기시키겠는가 세계 각국에 퍼져 있는 태권도가 아니었다면 과연 외국인들이 태극기가 우리나라의 상징임을 어떻게 알 수 있었을 것이며, 과연 우리의 태극기에 대한 존경심을 갖게 할 수 있었을 것인가 셋째, 충효정신이다. 한민족의 윤리사상을 일관하고 있는 '효'윤리의 사상적 토대는 '한'의 대아정신이다. 한의 대아정신은 나의 이익보다 남을 위하여 정신을 앞세우며 나와 남을 분리해서 생각하지 않고 하나로 보는 것이다. 즉 서구의 사상이 주체와 객체의 투쟁에서 진리를 획득해 왔다면 우리의 '한' 사상은 주체와 객체가 융합되어 얻어진 하나의 정신일 수 있다. 넷째, 예의정신이다. 태권도에서는 예의 전통적인 실천으로 겸양과 화목 그리고 질서를 원칙으로 삼고 있다. 태권도를 포함한 모든 무예에서는 '예로 시작해서 예로 끝난다'는 정신을 높이 평가하여 예를 중시한다. 태권도에서는 존경심의 발로로서 사제지간의 관계에서 나타나는 예의, 도장에서 띠의 차이 즉 수련기간에 따른 상급자와 하급자의 관계에서 나타나는 예의정신은 매우 중요한 관점으로 교육되고 있다. 다섯째, 부동심이다. 단순한 지식의 세계에서 동이나 부동은 서로 받아들이지 않는 관념에 불과하지만 수련에 의하여 자각된 지혜의 세계에서는 '동이 부동이고 부동이 곧 동이다'라는 의미에서 환경에 지배되지 않는 것이다. 여섯째, 극기정신이다. 인내는 고뇌하고 참아낸다는 의미를 가지는 반면, 극기는 그 인내의 단계를 넘어선 차원으로서 인내하여 극복한다는 의미를 지닌다. 태권도의 수련과정에서는 자아의 극기를 통해서만이 완성될 수 있는 기술이 무수히 많다. 일곱째는 준법정신이다. 태권도 수련으로 단련된 주먹이나 발기술 등을 사회에서 선으로 사용하면 정의나 의협심을 실천할 수 있지만 상대를 공격하거나 파괴에 활용하면 무기로 돌변하여 법을 위반하는 반사회적 행동이 된다. 따라서 태권도 수련과정에서는 이러한 선의의 정신을 강조하며 예의 정신과 함께 병행하여 교육되었으며, 개체와 환경과의 급조한 상황이 발생하더라도 자제적으로 이를 극복하는 극기정신과도 준법정신은 서로 맞물려있다. 여덟번째, 호연지기이다. 예로부터 많은 역사적 사실이 무인의 강직함과 공명정대함을 논증해주고 있다. 그러한 강직함과 공명정대함은 무인으로서 한 개인의 특성일 수도 있지만 무를 통하여 체득할 수 있는 정신, 즉 호연지기의 정신이기 때문이다.(김상진 2010:106-120).

4. 태권도 교육과정

　수련생이 태권도 도장에 다님으로써 삶이 활기찬 방향으로 변화되길 원한다. 태권도 수련을 생각하며 기대감에 들뜨고 도장에 오면 열정적으로 태권도를 수련하고, 태권도를 열심히 수련함으로써 더욱 적극적인 사람으로 변화하길 원한다. 그러한 목표를 달성하기 위해서는 그에 적합한 교육과정을 개발해야 한다. 첫째, 태권도 교육과정을 개발할 때에는 태권도 수련을 통해서 어떤 가치를 중요하게 추구할 것인지 분명히 결정해야 한다. 둘째, 성취 가능한 목표를 제시해야 한다. 태권도 교육과정은 태권도가 추구하는 목표를 달성하는데 적합해야 한다. 추구하는 목표는 사범이나 수련생이 성취하고자 하는 막연한 기대가 아니라 실제 상황에서 발휘되는 능력을 평가할 수 있는 결과이어야 한다. 셋째, 목표, 수련, 평가가 일치된 교육과정을 개발해야 한다. 태권도 교육과정은 의도하는 목표, 수련활동, 평가가 일치를 이루어야 한다. 넷째, 유연한 교육과정을 개발해야 한다. 태권도 수련을 통해서 다양한 목표를 달성할 수 있는 것은 사실이지만 그렇다고 다양한 가치를 매일 어느 정도 달성하는 교육과정을 개발할 필요는 없다. 때로는 어느 한 가지 중요한 목표를 여러 날 집중적으로 다루거나 특정 주제를 집중적으로 다루는 것이 더 효과적일 수 있기 때문이다.(손천택, 박정호 2019:122-124).

최성곤은 '태권도 지도자, 무엇을 알아야 하는가'라는 자신의 저서에서 '스포츠 교육의 가치'에 대해서 아래와 같이 설명을 한다.

> 스포츠로서의 태권도의 발생은 상고 시대의 제천 행사에서 오락으로 시작되어 삼국시대 고려시대를 거쳐서 1960년대 서구문화의 영향을 받아 경기화에 주력하면서 스포츠적인 차원에서 가치를 가지게 되었다. 이후 태권도는 세계화에 힘써 지금은 완전한 스포츠로서의 자리를 굳히고 올림픽 정식종목으로 채택되었다. 스포츠로서의 가치란 글자 그대로 만족을 찾기 위한 수단이며, 즐기기 위한 수단이며, 의무와 책임이 수반되는 것으로 정신적, 육체적 피로로부터 벗어나기 위한 자발적인 행위이며 나아가 자기의 취미와 기호에 맞게 선택할 수 있는 자유의지의 활동이다. 스포츠는 조직적이고 체계화된 경기의 총체로서 놀이와 게임의 요소를 갖추고 있으며 경쟁심을 유발하여 보고 즐김으로써 정신적, 육체적 스트레스를 해소하기 위한 기능을 가지고 있어야 하며, 현대의 스포츠는 상품적 가치를 포함하여야 한다.(최성곤 2018:258).

2부
태권도란 무엇인가

5장
태권도 지도자론

5장 태권도 지도자론

1. 태권도 지도자의 신념

  태권도 사범은 태권도를 가르치는 사람으로서 뚜렷한 지도
철학을 가지고 있어야 한다. 태권도 지도에 대한 사범의 생각
이 그의 수업 행동에까지 영향을 미치기 때문이다. 태권도 사
범은 태권도의 특성, 추구, 가치, 수련생 등에 대한 자기만의
고유한 신념을 가지고 있어야 한다. 우선 태권도 사범은 태
권도가 어떤 특성의 운동인지에 대한 자기 신념을 가져야 한
다. 태권도는 어떤 운동인가? 스포츠인가, 무예인가, 무예 스
포츠인가, 또 다른 신념은 태권도 가치에 대한 신념이다. 태
권도를 통해서 배울 수 있는 내용은 품새, 겨루기, 격파 등 다
양하며 그 과정을 통해서 추구할 수 있는 가치 또한 신체적
가치, 지적 가치, 인성 교육적 가치 등 다양하다. 그러기에 사
범은 자기 신념이 있어야 한다. 또한 사범은 수련생에 대하여
자기 나름의 신념이 있어야 한다. 수련생은 스스로 수련하는

가? 사범의 권위를 좇아 수련하는가? 직접 지도와 간접 지도 중 어느 방법이 더 효과적인가 등 수련생 수련에 대하여 수많은 과제가 있다. 수련생에 대한 이해가 다르면 그에 따른 내용의 선정 및 조직과 지도방법이 크게 달라진다. 사범은 태권도를 어떤 성격의 운동으로 규정할 것인지, 태권도에서 중요하게 추구해야 하는 가치는 무엇인지, 수련생은 어떤 태도로 가르쳐야 하는지 등에 대한 자기만의 신념이 필요하다. 사범은 자신의 신념체계를 끊임없이 점검하면서 지도 능력의 향상에 도움이 되는 지식이나 지도 기술을 적극적으로 수용해야 한다.(손천택. 박정호 2019:92-93).

　태권도 지도자가 자기만의 확고한 신념이 없다면 이것은 큰 문제가 된다. 예를 들어 배에 선장이 자신의 확고한 지식과 신념에 의해서 항해를 해야지만 안전한 항해를 할 수 있다. 만약에 교회 지도자인 목사가 하나님께 대한 확실한 믿음을 가지고 목회를 해야지, 시시때때로 마음이 변하여 일을 추진한다면 하나님의 뜻을 이루지 못할 것이며, 또한 선교지의 지도자인 선교사 역시 믿음없이 일을 추진한다면 사탄의 조롱 거리가 될 수 있다. 일반적인 말로는 '신념'이라 말하고 기독교에서는 '믿음'이라 표현할 수 있는데 각기 분야의 지도자들은 신념이나 '믿음'이 확고해야만 성공을 거둘 수 있다.

2. 태권도 지도자의 '지도 의지'

손천택, 박정호는 태권도 교육론이란 저서에서 '지도 의지'에 대해 아래와 같이 말하고 있다.

> 유능한 태권도 사범이 되기 위한 조건은 수련생을 잘 관리하여 수업에 방해되는 행동을 최소화하면서 목표 관련 수련 시간을 최대한 확보하는 것이다. 태권도 수업의 성공여부는 수련생이 목표와 관련된 활동에 얼마나 많은 시간을 소비하느냐에 의해 결정되기 때문이다. 행동주의 심리학적 관점에서 유능한 사범은 수련생의 능력에 적합한 수련시간을 최대한 제공함으로써 수련생 각자에게 최적의 학습이 일어나도록 가르치는 사범이다. 어떤 사범이 유능한지 그렇지 않은지는 그의 독특한 교수 스타일에 의해 결정되는 것이 아니라 그가 가르치는 수련생의 수련 결과에 의해 결정된다. 따라서 유능한 사범은 수련 활동을 중요하게 생각하고 그것을 촉진하는 일에 강한 의지를 보이는 사범이다.(손천택. 박정호 2019:94).

태권도 지도자가 아무리 오랜 수련을 했고 각종 상을 받았다 할지라도 그것을 제자들에게 제대로 활용하지 못한다면 그것이 무슨 소용이 있겠는가 태권도 지도자는 자신의 제자들을 바라보면서 아주 강한 의지가 있어야 한다. 각 제자들의 실력을 파악한 후에 그 특성에 맞게 태권도를 지도해야 한다.

서로가 피나는 노력으로 수련을 해야 하겠지만 사범의 의지에 따라 제자들의 성공여부가 달려있다고 볼 수 있다. 지도자들의 제자들을 향한 강한 의지는 매우 중요하다. 필자가 30년 동안 필리핀 메트로 마닐라 중심으로 30년간 태권도 사역을 할 수 있었던 것은 첫째는 내게 확고한 믿음이 있었고 두번째는 확고한 '지도 의지'가 있었던 것이다.

3. 태권도 지도자의 과제

첫째, 다양한 연령층 확보: 지금 전세계 약 205개국에서는 8,000만명 이상의 태권도 수련인구가 남녀노소를 가리지 않고 많은 연령층으로부터 사랑을 받고 있다.(태권도진흥원 2014~2018). 사랑받는 태권도, 즉 태권도의 대중화를 위해서는 아동 및 소년들의 태권도 수련생 확보뿐만 아니라 일반 성인들의 인원확보가 필요하며 그를 위해서는 태권도 교육적 가치를 향상시키고 태권도의 대중화 방안을 모색하기 위한 태권도 지도자들의 자구적 노력이 필요하다. 둘째, 전문성 제고를 위한 노력: 무한경쟁시대에 효율적으로 대처하려면 태권도가 전문성을 제고하여 그 경쟁력을 강화해야 한다. 세째, 부단한 연구태도 함양: 태권도 지도자는 현대 사회와 같이 적응할 수 있는 정보처리 능력을 배양해야 한다. 네째, 실천적 능력의 함양: 태권도 지도자는 실증적 경험과 풍부한 연습을 통해 실천적 능력이 있는 지도자가 되어야 한다. (김상진 2010:256-257).

위에 정리한 것처럼 태권도 지도자는 그냥 되는 것이 아니라 태권도 지도자 스스로 부단한 노력을 해야하는 것이다. 태권도 지도자로 있는 동안에는 태권도 수련을 위하여 많은 시간을 할애하여야 하고 수련생들을 위하여 효과적 방법들을 개발할 뿐만 아니라 수련생들이 윤리적으로도 사회의 모범이 될 수 있도록 지도력을 발휘해야 한다. 태권도 지도자가 된다는 것은 단순히 "태권도를 잘한다" 그 이상의 의미가 내포되어 있는 것이다.

3부
태권도 선교학이란 무엇인가

1 장
스포츠 선교

1장 스포츠 선교

1. 스포츠 선교의 의의

"스포츠 선교는 보편적이고 일반화된 생활을 통해 직접적인 복음의 진리를 전파하는 방법이 아닌, 특수하고도 간접적인 효과를 기대할 수 있는 복음 전파 방법이다."(김상진. 이정기 2012:195). 즉 스포츠 선교는 전통적인 선교방법이 아니다. 선교사가 자신의 운동기술을 통하여 제3세계의 사람들에게 복음을 전하는 것이다. 비록 스포츠 선교역사는 오래되지 않았지만 지금은 전세계에 놀라운 역사가 일어나고 있다.

> 세계 모든 국가들이 스포츠를 즐기고 있기 때문에 스포츠를 통해 세계 전역에 복음을 전하는 일은 복음 전파의 효과적인 방법이 되기도 한다. 동일한 시간을 투자했을 때 그 어떤 선교보다 더 좋은 효과를 얻을 수 있는 방법이 스포츠 선교이다.(김상진.이정기 2012:195).

특별히 1988년 서울 올림픽을 통하여 한국은 전세계에 알려졌다. 필자는 이 올림픽을 열게하신 분이 하나님이심을 믿는다. 하나님의 섬세한 손으로 우리 민족을 만방에 알리게 하시고 스포츠가 아니면 진입을 할 수 없는 나라에 스포츠를 통하여 복음이 전파되게 하시고 스포츠 자체가 복음의 언어가 되어서 복음을 전할 수 있게된 것이다. 하나님께서는 전통적인 복음을 전할 수 없는 나라에 스포츠를 통하여 복음이 전해지도록 하신 것이다. 전세계에 나가서 활동하는 스포츠 선교사들은 더욱 자신감을 가지고 사역에 임해야 한다.

"스포츠 선교는 하나님이 주신 최고의 선물이다. 문화의 시대인 21세기에 현대인에게 있어서 가장 각광받는 문화 코드는 스포츠라고 할 수 있다. 이념과 사상, 종교와 인종의 국경을 뛰어넘어 온 인류를 지구촌이라는 공동체로 만들고 있는 스포츠를 통해 선교에 주력하는 방안이 그 어느 때보다 절실히 요청되는 시점이다."(김상진.이정기 2012:196).

김상진, 이정기는 위와 같이 스포츠 선교가 이 시대에 필요하고 중요함을 강력히 주장하고 있다. 이제는 전통적인 선교방법과 더불어 스포츠를 통하여 복음을 전할 수 있는 시대가 찾아온 것이다.

2. 바울의 스포츠 용어

이방인의 사도, 바울 선생은 고린도 전서 9장 24절에서 26절에 스포츠에 관한 말씀을 하고 있다.

> 운동장에서 달음질하는 자들이 다 달릴지라도 오직 상을 받는 사람은 한 사람인 줄을 너희가 알지 못하느냐 너희도 상을 받도록 이와 같이 달음질하라 이기기를 다투는 자마다 모든 일에 절제하나니 그들은 썩을 승리자의 관을 얻고자 하되 우리는 썩지 아니할 것을 얻고자 하노라 그러므로 나는 달음질하기를 향방 없는 것 같이 아니하고 싸우기를 허공을 치는 것 같이 아니하며(고전9:24-26).

바울 선교사는 이미 그리스에서 시작된 올림픽 경기에 대해서 알고 있었다. 고대 올림픽은 기원전 776년에 시작되었고 올림피아에서 열렸던 경기는 매 4년마다 열렸다. 고대 올림픽은 약 천년간 지속되었다고 한다. 1회부터 13회까지는 달리기가 주종목을 이루었고 나중에는 멀리뛰기, 원반던지기, 창던지기, 레슬링, 권투, 전차 경기 등으로 발전했다.

'운동장에서 달음질'은 달리기를 의미한다. 상을 받으려면 최선을 다하여 뛰어야 한다고 강조를 한다. 바울은 청중들이 이해하기 쉽도록 '달리기'를 비유로 들어 설명을 하고 있는 것이다. 그리고 26절에 "싸우기를 허공을 치는 것 같이 아니하여..." 이것은 권투시합을 말하는 것이다. 당시 올림픽에는 권투시합이 있었다. 바울은 여러운동 경기에 대하여 관심이 많았고, 그것은 바로 신앙생활의 비유로 활용하게 되었다. 바울은 비록 올림픽 경기에 가지는 않았을지라도 당시 평민들의 '달리기' 또는 '권투경기'를 많이 목격 했으리라 본다.

바울은 디모데후서 4장 7절에서 8절에 "나는 선한싸움을 싸우고 나의 달려갈 길을 마치고 믿음을 지켰으니 이제 후로는 나를 위하여 의의 면류관이 예비되었으므로 주 곧 의로우신 재판장이 그 날에 내게 주실 것이며 내게만 아니라 주의 나타나심을 사모하는 모든 자에게도니라"고 말씀하고 있다. 여기서 선한싸움은 '레슬링이나 권투'와 같은 경기인데 이는 로마제국 시대의 대표적인 풍물이었다.(김상진. 이정기 2012:199). '달려갈 길'은 정해진 길을 의미하는 것이다. 올림픽 경기장의 정해진 코스가 있다. 이 길을 벗어나 다른 곳으로 가면 상을 얻을 수 없다. 선교사 바울은 일생동안 사역을 하면서 '다른 길'은 가지않고 정해진 '주의 길'을 달렸다.

"믿음을 지켰으니" 바울에게는 편법이 없었다. 오직 경기 규칙을 지켜 잘 지켰다고 스스로 말하고 있다. 어려운 환난의 날 믿음을 지키고 하나님의 상을 받는 것은 쉬운 일이 아니다. 바울이 어떻게 믿음을 지킬 수 있었을까 그것은 하나님께서 바울을 사랑하사 믿음을 지키게 하신 것이다. 그리고 "의의 면류관이 예비되었으므로" 바울은 이미 알았다. 의의 면류관을 받을 것을, 당시 올림픽에서 승리를 하면 '월계수 잎'을 엮어 승리자의 머리에 씌어주었다. 오늘날 바울이 살아있었다면 스포츠를 통하여 복음을 전세계에 전파하자고 역설했을 것이다.

3. 스포츠와 복음

스포츠와 복음은 어떤 관련이 있는 것일까? 사실 기독교 역사에 보면 스포츠는 기독교 역사와 친근하지는 않다. 초대교회 시절인 로마제국에서는 스포츠가 발달했는데 '검투사'들은 목숨을 내놓고 경기에 임했다. 그러기 때문에 기독교인들은 이방 사람들의 스포츠 등을 신앙의 경계의 대상으로 삼았고 아주 오랜 시간동안 스포츠와 기독교는 상관없는 것처럼 살아왔다.

그런데 유독 바울 사도는 이미 이방인들과 기독교인들이 상식적으로 알고 있는 스포츠와 영적인 삶을 연결해서 말하고 있다. 결코 바울은 스포츠에 대하여 부정적인 편견을 버렸고 그 스포츠 속에서 하나님의 뜻과 섭리를 발견했던 것이다.

초대교회를 지나 중세, 그리고 현대에 이르러서 스포츠는 역시 전세계를 하나로 묶는 연결고리가 되었고 다양한 스포츠들이 소개되었고 개발이 되었다. 그러면서 많은 선교전략가들이 스포츠와 기독교 복음을 연결해서 제3세계에 선교의 꿈을 갖기 시작했던 것이다. 스포츠 선교 역사는 그리 오래되지 않으며 아직도 미완성이다. 그럼에도 불구하고 오늘날의 스포츠 선교는 나날이 발전하고 있다.

사도바울이 자신의 서신서에서 스포츠 용어를 신앙인의 삶과 연결시켜, 신앙의 도리를 설명해 주었는데, 이와같이 스포츠 선교사들은 스포츠와 복음을 연결하는 것은 아주 중요한 일일 것이다. 스포츠를 선교에 적용시키는 것이다. 그러면 전통적인 선교방법으로는 불가능했을 전도를 스포츠로서는 가능해질 수도 있는 것이다. 그러기에 스포츠 선교사들은 "하나님께서 나에게 중요한 임무를 맡기셨구나"라고 생각하며 더욱 분발해야 할 것이다.

스포츠와 복음은 결코 분리되어 있는 것이 아니라 하나로 연결되어 있으며, 복음전파의 큰 역할을 할 것이다.

3부
태권도 선교학이란 무엇인가

2장
기독교와 스포츠

2장 기독교와 스포츠

1. 서양의 스포츠

우선 19세기 미국의 스포츠에 관한 생각은 아직 거리감이 있었다. 미국자체가 신앙의 자유를 찾아 미국 땅에 도착한 청교도들이었기 때문에 스포츠하고는 거리가 있었다. 그러나 미국도 산업화가 되고 스포츠를 마냥 멀리할 수 있는 것이 아니었다. 서서히 기독교 지도자들이 스포츠를 장려하고 기독교 지도자들은 스포츠를 통하여 복음을 전할 생각을 가지게 되었다. 이렇게 노력한 결과 스포츠를 반대하던 교회의 편견들은 20세기초에 이르러 소멸되었다. (김상진. 이정기 2012:202).

특별히 미국의 YMCA는 청소년들을 스포츠의 세계로 안내하는 큰 역할을 했다. 미국의 YMCA는 보디빌딩, 농구, 배구,

라켓볼 등을 창안했고, 야구, 미식축구, 수영, 캠핑 등과 같은 스포츠 클럽을 운영했고, 이것은 세계전역으로 뻗어나갔고 우리나라 역시 YMCA와 관계가 깊다. 미국 YMCA를 통해 창안되거나 활성화된 스포츠는 YMCA 조직망을 통해 미주와 대양주, 아시아 등지로 세력을 확장해 나갔다. 미국 복음주의 운동가들이 YMCA 체계에 스포츠를 수용한 까닭은 영국의 강건한 기독교주의라는 계몽 사조의 영향이었다. YMCA는 정신과 신체에 의해 지지되는 영(spirit)을 상징하는 역삼각형 YMCA 휘장을 고안했고, 스포츠 프로그램은 YMCA 운동의 주된 영역으로 자리를 잡았다. 자연스럽게 YMCA는 미국 스포츠의 요람이 되었고 세계 스포츠 역사 서적의 많은 지면을 차지하게 되었다.(김상진. 이정기 2012:202-204).

　YMCA의 첫 출발은 영국에서 시작되었고 그것은 미국으로 건너가 꽃을 피웠다. 그것은 또 다시 조용한 아침의 나라, 한국까지 오게된 것이다. '뜻있는 곳에 길이있다'는 속담이 있다. 복음을 전하고 선교하려고 할 때에, 접목된 것이 스포츠이다. 처음에는 미약했지만 지금은 풍성하게 열매를 맺고 있다.

2. 한국의 스포츠

서양에서 한국의 스포츠가 들어온 것은 불과 100여년전이다. 즉 서양 선교사들이 한국에 선교하러 오면서 스포츠와 함께 왔다. 선교사들이 세운 기독교학교에 체육시간이 삽입되고 서서히 한국 땅에도 학교 땅에도 스포츠가 시작되었다. 선교사들이 설립한 기독교 사립학교의 체육과목에 자극을 받은 개화 엘리트들은 근대식 관립학교나 사립학교에 체육 과목을 정식 교육과정으로 확정했고, 1895년 2월 2일에 발표한 교육 초서에는 근대교육의 3대 강령이 들어있는데, 바로 덕양, 체양, 지양이었다. 1903년에 발족한 기독교청년회(YMCA)는 체육사업 발전을 도모하였다. 기독교 청년회가 주최한 경기대회로는 '전조선 중학교 농구 선수권대회' '전조선 중등학교 배구 선수권대회' '전조선 씨름대회' '전조선 단체 유도대회' '전조선 기계체조대회' 등 이었다.(김상진. 이정기 2012:205-206).

한국 스포츠의 발달은 미국의 YMCA와 맥을 같이한다. 이렇게 YMCA는 스포츠와 더불어 한국에 복음을 전하기 시작했다. 첫 이름은 '황성기독교청년회'였다. 당시 대한제국은 가물거리며 꺼져가는 등불이었다. 1899년 개화청년 150여명이 세계 YMCA 연맹에 한국 YMCA 창립을 건의해 창립하게 되었다. 우리나라에 도입된 근대 스포츠의 반 이상을 YMCA에서 실시하고 이를 일반인 뿐만 아니라 학교에 보급했다는 점에서 구한말 한국 체육을 주도했다고 해도 지나치지 않을 것이다.(정태화 2020).

특별히 YMCA를 통해서 야구, 농구를 우리에게 보급해준 사람은 미국 선교사 '질레트'이다. 대한민국 스포츠 역사는 YMCA와 밀접한 관계가 있다. '질레트'선교사는 1901년부터 1913년까지 12년을 한국에서 활동하면서 야구, 농구, 배구, 실내 운동 등 각종 운동경기를 소개하면서 한국 스포츠의 선구자적 역할을 한 선교사이다.(백상현 2016).

오늘날에도 우리가 생각하는 선교사는 전통적으로 그리스도의 복음만을 전하는 것이, 선교사의 임무라고 생각하기 쉽다. 그러나 미국인 선교사는 학창시절 야구선수였다. 그는 보다 효과적인 방법으로 선교를 꿈꾸었는데, 스포츠를 통한 복음의 전도였다. 결코 수단이 목적이 될 수는 없다. 그러나 그 수단을 통하여 목적을 이루었던 것이다. 질레트 선교사는 지금으로부터 120년전에 스포츠를 통하여 하늘나라를 전파했던, 오늘날 스포츠 선교사의 초석이 되었다.

3. 스포츠 선교

　　우리가 아는바와 같이 19세기 20세기에는 의료나 교육이 선교에 매우 중요한 매개체가 되었으나 21세기 글로벌 시대에는 스포츠가 선교에 매우 효과적인 도구가 됨을 우리 모두 공감하고 있다.(김상진. 이정기 2012:213).

> 스포츠는 인종과 사상 그리고 국경을 초월하여 모든 사람들을 한 자리에 만나게 해주므로 거부감 없이 사람들의 마음의 문을 열게 하고 육체적인 접촉을 통해서 쉽게 친밀감을 갖도록 해준다. 앞으로 갈수록 기존의 선교 방식으로는 사회주의권. 이슬람 문화권, 불교문화권에 있는 선교지에 접근하기 어렵고 선교사들의 비자 받기가 매우 힘들기 때문에 선교지마다 다양한 전문인 선교사를 요청하는 추세에 있다.(김상진.이정기 2012:215).

　　지금은 스포츠의 시대이다. 한 나라의 강하고 약함은 스포츠를 보고 알 수 있다. 선진국들은 스포츠의 강국이고 약한 나라는 스포츠 또한 약세이다. 올림픽 경기에서 많은 우승을 할 수록 그나라의 수준은 올라가는 것이다. 예전에 나라가 약할 때는 올림픽의 메달을 가져올 수 없었으나 스포츠가 발달해 이제는 올림픽에서 메달을 많이 가져올 수 있게된 것이다.

그런 이유로해서 한국은 전세계에 복음을 전하는 좋은 기회가 된 것이다.

스포츠는 어느 누구를 위한 것 이라기 보다는 하나님의 나라를 위하여 귀히 사용되고 있다. 분명 하나님의 뜻이 스포츠 속에 깊이 내재되어 있다고 본다. 기독교인 스포츠 선수들은 생각했다. '어떻게 이 스포츠를 통하여 복음을 전할 수 있을까' 그러다가 생각한 것이 '세레머니'였다. 특히 축구에서 '골 세레머니'는 많은 의미를 가져다 준다. 골이 상대방의 골문에 들어갔을 때의 기쁨을 기독교신자인 축구선수들은 상대방 골문 앞에서 기도하는 '골세레머니'를 연출하게 되는데, 그때 전세계의 축구팬들이 이 광경을 보게 된다. 이 모습을 보고 기독교 신자들은 더욱 하나님께 감사를 할 뿐만 아니라 비기독교인 축구팬들은 그 모습을 보면서 많은 생각을 하게 될 것이다. 즉 무언의 전도가 되고 선교가 되는 것이다. 말로만 전하는 것이 아니요 무언의 행동을 통하여 선교하는 스포츠 선교사들인 것이다.

특별히 오늘날 스포츠를 통하여 그리스도의 복음을 전할 수 있다는 것은 매우 희망적이고 미래가 밝다고 하겠다.

4. 태권도 선교

　태권도 선교는 국내외적으로 많은 관심과 폭발적인 선교의 효과를 거두면서 세계태권도선교회, 태권도세계선교회, 한국체육인선교회의 할렐루야 태권도 선교단, CCC대학생선교회, 할렐루야태권도 시범단, 세계태권도 선교연맹, 세계태권도선교협의회, 국제태권도선교회, 월드태권도비전 등으로 선교활동을 전개하고 있다. 2000년대 중반 이후로는 스포츠선교의 재도약기라고 할 수 있다. 스포츠선교사를 양성하기 위해 대학교에서 전공이 생겨나기 시작했고, 2003년도에 한국 나사렛대학교에 태권도 선교학과 이후, 한영신학대학교에 태권도 선교학과, 2008년도에 고신대학교 스포츠선교학과 태권도선교전공이 신설되어 전문인 스포츠선교사들을 훈련시키고 있다. 또한 1980년 중반 이후 분열된 스포츠단체들이 선교적 사명 앞에 대통합이라는 현실적 물음에 응답하기 시작했다. 스포츠는 종교 대행들과 대체종교의 기능을 수행한다고 하여 스포츠 활동에 대하여 강력히 반대하는 입장이었지만 서구 선교사들이 YMCA를 통해 스포츠를 보급한 결과 오늘날 기독교 선교에 의해서 너무나 큰 역할을 한 것이다.(김정모 2012:17-19).

태권도는 첫째, 시범을 통해서 선교전략이 가능하다. 태권도 시범은 경연자와 보조자와 대중이 필요한 행동예술이다. 태권도의 정통성과 기술을 보여줌으로써 홍보의 효과와 수련참여 등 동기를 부여한다. 둘째, 태권도장 경영을 통한 선교전략이 있다. 기독교 복음 전파가 불가능한 불교국가, 이슬람국가에서 도장을 경영하면서 제자들을 양성하는 것이다. 셋째, 선교의 태권도 선교의 발전 방향을 모색하는 것인데, 태권도와 신학의 접목이 필요하다.(김정모 2012:21).

필자는 위의 둘째 항목에 대하여 보충하려고 한다. 나는 평신도 태권도 선교사로서, 천주교 국가인 필리핀 메트로 마닐라에서, 30년간 현지 태권도 도장을 운영하면서 복음과 태권도를 보급한 경험이 있다. 말과 종교가 다른 그리고 불가마 같이 더운 나라에서 태권도와 복음을 전하는 것은 결코 쉬운 일이 아니다. 이 또한 나의 능력과 지혜로 일을 마친 것이 아니라 하나님의 돕는 힘과 제자삼으라는 주님의 명령에 순종한 것 뿐이다.

> 그러므로 너희는 가서 모든 민족을 제자로 삼아 아버지와 아들과 성령의 이름으로 세례를 베풀고 내가 너희에게 분부한 모든 것을 가르쳐 지키게 하라 볼지어다 내가 세상 끝날까지 너희와 항상 함께 있으리라 하시니라(마28:19-20).

3부
태권도 선교학이란 무엇인가

3장
전문인 선교와 태권도

3장 전문인 선교와 태권도

1. 성경의 전문인 선교

오늘날 '전문인 선교'하면 우선 평신도 전문 사역자를 가르키는 용어이기도 하다. 그런데 선교사 바울은 전통적으로 복음을 전하는 선교사이기도 하지만 동시에 장막을 만드는 전문 기술자이기도 했다. 그것은 자비량 선교이며 그것을 통해 복음이 효과적으로 이루어졌던 것이다.

바울은 주후 53년부터 58년까지 약 4년에 걸쳐 에베소와 고린도 각지에서 장막을 만드는 직업으로 생계를 도모했음을 알 수 있다. 바울이 브리스길라와 아굴라를 그리스도께 인도한 것은 그들과 함께 종사했던 장막을 만드는 직업을 통해서이다. (정현진 2010:30).

바울은 사도행전 20장 33절에서 35절에 "내가 아무의 은이나 금이나 의복을 탐하지 아니하였고, 여러분이 아는 바와 같이 이 손으로 나와 내 동행들이 쓰는 것을 충당하여 범사에 여러분에게 모본을 보여준 바와 같이 수고하여 약한 사람들을 돕고 또 주 예수께서 친히 말씀하신 바 주는 것이 받는 것보다 복이 있다 하심을 기억하여야 할지니라" 말씀하고 있다. 복음으로 선교할 뿐 아니라 자기의 전문기술인 장막 만드는 기술로 인하여 또한 선교를 할 수 있었던 것이다.

바울의 전문적인 기술과 관련된 선교는 그때나 지금이나 배척을 받을 수 있는 문제이다. 오직 전통적으로 복음을 전해야만 바른 선교라 생각하는 경우가 있다. 우리에게서 제일 중요한 것은 '성경은 우리에게 무엇을 말하는가'이다. 이미 바울 사도가 앞으로의 시대를 꿰뚫어 보고 있었다. 앞으로의 시대는 '전문인 선교사' 시대가 올 것을 말이다. 바울이 장막을 만드는 이유는 성도들에게 손을 내밀지 않고 스스로 일해 먹을 것을 충당하고 또 필요한 물질을 선교에 사용하기 위해서이고 이 장막 만드는 일을 통해 복음을 전하기 위해서이다. 즉 바울은 '전문인 선교사'의 모델이 된다.

2. 21세기 전문인 선교사

오늘날 선교의 아버지라 불리는 인도의 선교사 윌리암 케리
는 "구두를 만드는 것도 하나님의 영광을 위해서 하는 하나
님의 일"이라고 하였다. 그는 구두 수선공, 식물재배, 농장 감
독, 염료 공장등의 다양한 직업을 통해 인도에서 신약성경을
번역 완성하고, 신 구약성경을 6개 서로 다른 언어로 출판했
다. 이렇게 윌리암케리는 전문인 선교를 통하여 인도에 복음
을 전한 가장 위대한 선교사의 모습이었다. 자기의 전문적인
일을 매체로 하여 복음을 전한다는 것은 그것은 바울의 전문
인 선교사를 모델로 하고 있는 것이다. 그리고 '요하네스 엠
데'라는 한 독일 사람이 1811년 시계 제조공으로 인도네시아
에 가서 교회를 세우고 35명에게 세례를 주었고, 또 제1차 및
제2차 전쟁 당시 영국 군대 소속 기독교 장교와 사병들이 아
프카니스탄에서 복음을 전하기도 했다. 그리고 미국에서는
19세기 말에 수많은 학생들을 동원한 학생자원지원운동으로
전문인 선교의 맥을 이어가고 있다. 이 운동은 무디의 집회
에서 불이 붙었고 '세계 복음화는 이 세대 안에'라는 슬로건
아래 2만명이 넘는 기독교인들이 세계 선교 현지로 달려갔

다.(정현진 2010:39-40).

　이제 20세기를 지나 21세기를 달리고 있는 중이다. 우리는 21세기의 세계선교의 현상을 네 가지로 볼 수가 있는데, 첫째, 비기독교 인구가 폭발적으로 증가하고 있다는 것이고, 둘째, 전통적 의미의 선교사 비자를 거부하는 국가와 종족들이 늘어나고 있다. 그리고 셋째, 현재 매년 130만 명이 기아와 빈곤과 질병으로 죽어가고 있고, 넷째, 전 세계는 상호 의존을 할 수밖에 없는 지구촌이 되어 밀접한 관계를 가지게 되었다. 우리는 기독교 역사상 가장 큰 변화를 겪고 있는 것이다. 세계복음화에 대한 주님의 명령과 그 필요성, 세계가 처한 상황과 미전도 종족의 현실, 그리고 영적, 육체적 필요가 있는 이 세상을 향한 교회의 대처 능력과 선교 전략 등의 부족함을 보면 우리는 지금까지의 선교와 선교전략을 재 검토해야 된다고 본다. 아직 복음화가 되지 않은 미전도 종족 집단의 약 95%이상은 이란, 북한, 터키, 아프가니스탄 등과 같은 나라이다. 18세기 이후 계속된 서구 교회의 열정적인 세계 선교에도 불구하고 이렇게 많은 종족집단 혹은 국가가 미전도된 상태에 남아있는 것은 기독교를 강력히 거부했기 때문이다. 20세기에 들어와서 제3세계에 민족주의 운동이 일기 시작하면서 식민지 정책을 추친했던 서구 국가에 대한 반감은 극에 달했다. 그러므로 21세기 선교의 현상을 바로 보아야 한다. 한 손에 사랑, 한 손에 복음을 가지는 전인적 전문 선교는 기독교 복음을 거부하는 지역의 선교지 침투 효율성을 제공할 뿐만 아니라, 반기독교 감정을 가진 미전도 종족 집단이나 국가에 대한 장기적인 선교전략으로 가장 적합한 것이다.(정현진 2010:41-44).

3. 한국교회의 전문인 선교

한국교회는 기독교 복음을 받아드리면서 폭발적인 성장을 가져왔지만 2천년대에 이르면서 기독교 인구는 감소하기 시작했다. 그러면서 그 대안으로 선교의 활성화를 생각했다. 한국에서 전문인 선교의 개념이 알려진 것은 1980년 후반부터라 생각된다. 그루터기 선교회, 해외 선교연구, 그리고 많은 학원 선교단체를 중심으로 전문인 선교가 이루어졌다. 1990년대부터는 한국전문인 선교회의 회를 중심으로 전략적인 선교가 이루어졌다. 한국교회의 전문인 선교에 대한 인식도는 선교단체는 활발하지만 각 교단 선교부는 미미하다고 본다. 첫째, 일부 목회자들이 우려하듯이 전문인 선교는 전통적인 선교에 대한 위협이 아니고, 둘째, 전문인에 대한 전반적인 지역교회의 시각이 바뀌어야 한다. 이미 세계 현장에서 활동하는 선교사들의 80% 이상이 전문인 선교사인 것이다. 이것은 하나님의 시대적 요구이며 명령인 것이다. 이와 같은 올바른 평신도 신학을 정립하고 전문인 선교사로 준비와 훈련을 시켜야 하며, 전문인 선교사에 대한 지역교회의 시각을 바꾸어야 하고 또 전통적 선교사와 전문인 선교사 사이에 이해부족으로 야기될 수 있는 오해에 대하여 조화와 협력이 필요하다.(정현진 2010:45-46).

전문인 선교사는 평신도이고 전통적인 선교사는 신학을 전공한 전도사나 목사로 인식을 한다. 그러기 때문에 문제가 발생할 수 있다. 평신도로써 전문사역자는 선교지에서 자신의 전문 사역은 하지만 말씀을 가르치는 등 기독교 복음의 전파는 난항을 겪을 수 있다. 필자의 경우는 '네비게이토'에서 훈련을 받은 변희관 목사(3사 군목)로 부터 제자 양육을 받은 평신도로써 부산의 태권도 도장을 설립하여 태권도 제자들을 가르치다가 하나님의 부르심을 받고 전주 안디옥교회의 국내와 해외 훈련을 마치고 평신도 태권도 선교사 1호로써 30년전에 필리핀 메트로 마닐라에 파송되었다. 아마 바울선교회에서 평신도가 파송받기는 처음일 것이다. 멘토로부터 훈련받은 많은 성경구절을 암송을 하고 있었지만 때로는 신학의 부재로 어려움을 겪은 적이 있었고 목마름이 있어서 결국 나중에는 신학을 공부하여 졸업을 하고 목사 안수를 받게 되었다. 그렇다고 모든 전문인 평신도 선교사들이 신학을 다시 공부하라는 말이 아니다. 이 신학의 길은 하나님이 부르시고 소명을 받아야만 되는 것이다. 단지 신학을 가르치기 위하여 신학교를 가면 안되고, 첫째는 전문인 선교가 먼저이고, 성경적인 가르침이 부족 할때는 선교지의 선교사들이나 목회자에게 안내를 받으면 좋을 것이다.

4. 태권도 선교사의 기쁨

우리 나라에서 오랜 세월 전통을 가지고 발전에 발전을 거듭한 국기가 태권도이다. 태권도하면 전세계의 모르는 사람이 없을 정도이다. 1988년 올림픽 시범종목과 2000년 시드니 하계올림픽부터 태권도가 정식 올림픽 메달을 딸 수 있게 되자, 우리나라는 종주국이기 때문에 많은 금메달로 한국인의 자부심을 온 세계에 알리게 되었다. 그런데 이것은 단순한 태권도 때문이 아니라 이것을 통하여 전세계의 복음을 전하시려는 하나님의 뜻과 섭리가 있었던 것이다. 역사의 깊은 내면에는 하나님의 손길이 분명 있는 것이다.

세계에 많은 태권도 사범이 활동하고 있다. 비기독교인 사범은 복음을 전할 수 없지만 기독교인 태권도 사범은 동시에 복음을 전하고 있는 전문인 선교사들이다. 바울 선교회에서 파송받은 필자의 경우는 사역비가 본부로 부터 오지만 대부분의 기독교 태권도 사범들은 어디서 지원과 후원도 없이 선교지 땅에서 태권도 사역을 통해서 수입을 얻고 그것으로 복음전파에 헌신하는 많은 분들이 있는 줄 안다. 이 얼마나 고

귀하고 아름다운 헌신이며, 얼마나 하나님이 기뻐하시는 일이겠는가.

전세계에 나가서 태권도와 복음을 전하는 전문인 선교사들은 다른 일반 선교사들 보다 더욱 하나님께 감사하고 고마워 해야한다. 나 한사람을 통하여 선교지 국가와 청소년들이 희망을 갖고 보람을 찾고 하나님을 영접할 수 있기 때문이다.

'내가 태권도 선교사가 된 것은, 다른 일은 못하기 때문에 그런것이 아니다. 내가 세상에서 제일 잘할 수 있는 것이 태권도이기 때문에, 이것을 내 소원속에 품게 하셨고, 또 이것을 통하여 전세계에 복음을 전파하고 하나님께서 영광을 받으시기 위하여 나에게 주신 것이다.' 그러기에 태권도 선교사로 부름을 받은 전세계 태권도 선교사들은 이것을 잊지 말아야 한다.

3부
태권도 선교학이란 무엇인가

4장
전문인 선교사 활성화 방안

4장 전문인 선교사 활성화 방안

1. 전문인 선교 영역

성경적 관점에서 전문인 선교라는 용어는 바울의 '텐트 메이킹 선교'에 기원을 둔다. 허버트 케인은 '전문인 선교사란 직업을 통해서 예수 그리스도의 증인으로서 해외에서 복음을 전하는 일에 헌신된 그리스도인'이라 했고, 클리스티 윌슨은 '전문인 선교란 자비량 선교를 의미하는데, 이것은 선교사 스스로 재정문제를 해결하며 선교하는 것이다'고 말한다. 바울 선교사는 '자비량 선교사인가 아닌가'라는 논란이 되는 문제이다. 그의 서신에서 바울은 이방세계에 세운 교회들에게 선교적인 사명을 일깨워 주기 위해서 자신의 선교사역을 재정적으로 뒷받침하고 지도자를 훈련시키는 일에 적극적으로 참여하도록 강조했던 사실을 분명하게 보게 된다. 바울은 빌립보서 4장 15절에서 16절에 "빌립보 사람들아 너희도 알거니와 복음의 시초에 내가 마게도냐를 떠날 때에 주고받는 내일에 참여한 교회가 너희 외에 아무도 없었느니라 데살로니가에 있을 때에도 너희가 한번 뿐 아니라 두번이나 나의 쓸 것을 보내었도다"라고 말씀하고 있다. 바울은 전형적인 자비량 선교사가 아니다.(권형재 2016:69-70).

권형재는 전문인 선교에 대하여 아래와 같이 말하고 있다.

전문인 선교란 예수 그리스도의 지상명령을 성취하기 위해서 자신의 직업의 전문성에 사역의 전문성을 갖추어 타문화권에 나아가서 복음을 증거하는 선교사역을 의미한다고 정의한다. 더 나아가 한국교회가 21세기의 미전도 종족을 위한 선교사역을 효율적으로 수행하기 위해서는 직업의 전문성과 사역의 전문성을 갖춘 성직자와 평신도가 서로 동반자가되어 질 때, 21세기 미전도 종족을 위한 한국선교의 전문인 선교사역은 더욱 활성화가 되어질 것이라고 주장한다. (권형재 2016:72).

전문인 선교사들이 직업의 영역에만 집중하다 보면 선교의 핵심인 복음을 놓칠 수 있다. 그래서 전문인 선교의 취약점을 보완하려면 현지 언어 훈련과 더불어 타문화 훈련을 강화해야 하고, 성경말씀과 기도를 통한 영성훈련, 그리고 평신도 전문인 선교사들이 꼭 목사가 되지 않더라도 효과적인 사역을 위하여 전문인 선교사들은 신학적 훈련이 필요한 것이다.

'전문인 선교사는 평신도이다'라는 관점에서 이제는 벗어나야 한다. 예를 들어 목사 안수를 받은 선교사가 의학을 공부해 전문적인 의사가 된다면 그는 복음이 들어갈 수 없는 나라에 환영을 받으면서 입국해서 전통적 선교사역과 전문인 선교사역을 할 수있다. (권형재 2016:75).

또한 스포츠를 통한 전문인 선교가 아주 중요한 문제로 대두되고 있다. 필자는 한국의 태권도를 가지고 필리핀으로 왔다. 오직 태권도 하나만 가지고 왔다. 그러다가 시간이 가면서 신학 공부의 필요성을 느껴, 신학을 공부한 후 목사가 되었다. 여기서 중요한 것은 자기의 전문인 사역도 그리고 성경의 가르침도 부족함이 없어야 한다는 것이다.

2. 전문인 선교의 당위성

미전도 종족 선교가 범 세계 교회 운동으로 구체화되고 확산된 결정적인 계기는 1989년 제2차 로잔대회로 필리핀 마닐라 대회에서 미국의 선교학자 '루이스 부시'가 10/40창 개념을 발표하면서 부터이다. 그의 집합적 접근 단위로써 창문 개념이 미전도 종족 선교에 적용되면서 이 운동은 불같이 일어났다. 이 10/40 창문 지역은 서부 아프리카에서 동아시아의 북위 10도에서 40사이에 걸쳐있는 지역으로 전 세계의 인구 60%가 살고 있다. 미전도 종족 90%이상이 이 지역에서 집중되어 있다는 통계자료이다. 이 지역의 종교상황은 이슬람교, 힌두교, 불교, 유교 등이 자리잡고 있고, 또한 이지역들은 과거에 기독교 식민지를 겪은 곳이 많기 때문에 선교의 장벽도 높다. 영국의 선교학자 '패드릭 존스톤'에 의하면 현재 약 14억-16억의 인구가 한번도 복음을 들어본 적이 없는 미전도 종족으로 남아 있으며, 아직도 세계인구의 약 40%는 자기의 토착교회가 없는 미전도 종족이다. 그렇다면 왜 이러한 미전도 종족의 상황을 파악하면서 전문인 선교에 대한 당위성이 제시 되어야만 하는가? 첫째, 선교지의 종교적 상황들, 이슬람, 힌두교, 불교 등 전통적이고 강력한 종교 집단의 영향으로, 전통적인 목사, 선교사의 비자가 불가능하기 때문에 전문인 기술자의 자유로운 자격으로 출입국을 할 수 있기 때문이다. 둘째, 미전도 지역에는 과거의 기독교식민지 영향과 현재 공산주의의 정치적 체제와 종족간의 전쟁이나 종교 때문에 공식적인 선교활동이 불가능한 지역이다. 그러나 전문인 선교사는 환영을 받으며 선교사역을 할 수 있다. 셋째, 미전도 지역은 극심한 생활고에 처해있다. 이런 곳에 들어가 병원을 통한 의료 전문사역, 학교를 통한 교육사역, 고아원, 양로원, 등 그리고 스포츠 선교 더 나아가 올림픽 종목의 태권도 같은 분야로 어려운 그 나라에 메달을 따게 한다면 이것은 무엇보다도 더 좋은 일은 없을 것이며, 스포츠 사역을 통하여 그리스도의 복음을 전하고 또한 선교지의 나라가 기쁨이 될 것이다. 넷째, 전문인 선교는 지구촌에 존재하는 모든 미전도 종족에게 나아갈 수 있는 21세기의 가장 효과적인 선교의 대안이 될 수있다. (권형재 2016:77-80).

권형재는 위의 네가지 것을 예를 들어 전문인 선교에 대한 당위성을 강력히 주장하고 있는데, 설득력 있는 주장이라 생각할 수 있다.

3. 전문인 선교 협력방안

한영신학대 권형재 교수는 '전문인 선교의 활성화를 위한 한국선교의 협력방안'을 제시했는데, 첫째, 한국의 지역교회가 선교 중심적인 교회가 되어서 미래의 전문인 선교사가 될 선교사 후보생을 발굴해 내야만 한다고 말했다. 앞으로 전문인 선교사가 선교사 후보생들을 어디에서 발굴해야 하는가? 그것은 바로 한국의 지역교회가 선교 중심적인 교회가 되어서 전문인 선교사 후보생들을 발굴해야만 하는 것이다. 한국의 지역교회의 선교목표가 단순히 선교비를 후원하는 차원을 넘어서서 이제는 선교 중심적인 교회로서 보다 본질적이고 근본적인 '선교사'가 될 인물들을 발굴하는 것에 목표를 두어야 한다. 둘째, 한국의 신학교들이 선교의 전문 인력 양성기관으로서의 목표를 가지고 전문인 선교사 양성을 위한 선교교육을 제공해야만 한다. 오늘날 한국의 신학교에서 전문적인 선교교육이 제공되는 일이 빠르게 실행된다면 미전도 종족을 위한 미래의 전문인 선교사가 될 비전을 가진 선교사 후보생들이 한국의 신학교를 통해서 수없이 훌륭하게 육성될 것이다. 셋째, 한국의 선교단체들이 미전도 종족을 위한 전문인 선교사들을 총체적으로 훈련함으로 자격을 갖춘 선교사를 양성해야만 한다. 전문인 선교사의 사역은 전문적인 직업을 통해서 사역하지만 궁극적인 목표는 영적인 결과를 위해서 수행되는 과업이기 때문에 성령충만을 유지하는 영적훈련은 필수적이다. 한국의 선교단체들은 미전도 종족을 위한 총체적인 훈련을 통해서 우수한 전문인 선교사들을 양성해 낼 것이다. 넷째, 전통적인 선교사와 함께 동역의식을 갖춘 전문인 선교사를 양성해야 한다. 선교사 바울은 그의 선교현장에서 많은 동역자들과 협력사역을 했다. 그는 오늘날의 전통목사 선교사와 같이 선교지역에서 말씀을 전하면서 많은 교회를 설립했다. 또 다른 측면은 고린도에서 만난 아굴라와 브리스길라와 같은 평신도 선교사들(전문인 선교사)과 함께 장막을 만드는 일을 하며 전문인 사역을 했다. 이것을 모델 삼아 전문성을 가진 평신도와 사역의 전문성을 갖춘 선교사가 서로 동역하는 것이 바람직하다. 다섯째, 목사 선교사들을 전문인 선교사로 양성하는 프로그램을 개발해야 한다. 신학을 공부하고 안수를 받은 목사 선교사들이 전문 직업을 가지고 전문분야에서 선교를 한다면 그들도 전문인 선교사라 말할 수 있다. 그들은 직업의 전문성위에 신학의 전문성을 가졌기 때문에 더욱 효과적인 선교를 할 수 있다.(권형재 2016:80-86).

4. 전문인(태권도)선교 활동방법

첫째, 시범단을 통한 대중 전도: 대중을 상대로 전도 집회를 갖기에는 태권도만큼 효과적인 도구는 없다. 우선 태권도는 세계인들이 인정하고 또 많은 관심을 가지고 있으며, 올림픽 정식종목이 되어, 세계인의 스포츠로 인정받고 있고 태권도 도복만 입고 길거리에서 걷기만 해도 오가는 사람들의 시선을 집중시키게 하는 특수성이 있다. 태권도의 호신술, 격파, 복음성가에 맞춘 태권체조의 시범은 사람들의 마음을 열기에 충분하다. 그리고 해외선교에 있어 태권도 시범단의 시범 공연은 현지인들에게 가장 관심을 끌게 한다. 둘째, 대표 선수와 지도자를 통한 선교: 대표 선수들의 복음화를 통해서 유니폼에 십자가와 기독교적 문구를 새겨서, 경기 시작전과 후에 무릎을 꿇고 기도하는 모습이 미디어를 통하면 가장 빠르게 청중들에게 전달된다. 셋째, 태권도 선교사를 통한 현장 설교: 공산권과 이슬람, 회교권에 전문인 선교사로서 자유롭게 입국할 수 있다. 넷째, 체육관 수련생들을 대상으로 한 선교: 국내에 1만 2천여개의 도장과 800만명의 수련생이 있다.(2014~2018 한국산업개발연구원). 즉 태권도 지도자는 수련생들에게 복음을 전할 수 있는 것이다. 또 해외에 파송된 선교사들 역시 수련생들을 복음의 일꾼으로 키울 수 있다. 다섯째, 교회와 연합된 태권도 선교: 기독교계의 지도자들이 태권도 선교의 가능성을 확인하고 재정적 지원과 함께 각 교회에서 태권도를 통한 선교 활동을 하고 있다. 현대 교회는 예배만 드리는 장소로서의 모습이 아니라 교제를 나누고 건전한 문화 활동을 증진시키며, 구성원들 간에 친목을 도모하는 신앙 공동체로서의 모습으로 존재한다.(김은식 2016:30-31).

5. 전문인(스포츠)선교와 한국 체육 (김정모 2003:73-83)

스포츠 선교와 외교효과

스포츠선교의 외교 효과는 기독교 대표선수들이 해외진출과 국제대회에서 좋은 성적을 나타냄으로 효과는 나타나고 있다. 특히 태권도는 한국의 국기이며 전 세계인이 즐기는 스포츠로 발전되었다. 이러한 스포츠 종목을 가지고 전 세계에 태권도 시범을 통하여 오늘도 한국의 태권도를 그리고 대한민국의 우수성을 알리고 있다(김정모 2003:75)

전통적인 선교방법으로는 외교적 효과를 나타내기는 쉽지 않지만, 선교지 나라에서 절실히 요구되는 스포츠로는 가능한 것이다. 스포츠 강국인 우리나라를 통하여 선교지 나라에 스포츠가 발전하면 당연히 외교력이 강화되고 또한 전문인 선교사들이 복음을 전하는데 유리할 것이다.

스포츠 선교와 생활체육

스포츠 선교의 범위를 해외에 한정하는 것이 아니라 국내 선교로도 확장하여 생각을 할 때, 국내 스포츠 선교의 방향은 스포츠 선교의 가능성에 대한 홍보를 통한 교계의 스포츠 활동 즉 교계 지도자들의 적극적 참여에 의한 교회에서의 활동으로 가능하다. 교계 지도자들의 스포츠선교 활용은 1200만 기독교인들과 지역사회에 생활체육활동의 기회를 제공한다. 또한 스포츠 선교를 통한 생활체육에 끼친 효과는 스포츠 선교활동의 대표적인 단체인 YMCA의 활동에서도 나타난다.

스포츠 선교를 통해서 시민의 생활체육으로 까지 연결하는 것이 중요하다고 본다.

스포츠 선교와 청소년 활동

스포츠 스타는 매스컴을 통해서 청소년들에게 자연스럽게 접근 되어지며, 모방심리를 통해 우상화 되어진다. 따라서 스포츠 스타들의 활동이 긍정적인 모습과 부정적 모습들까지도 확대 해석되어 미화되어지곤 한다. 이러한 청소년들의 시각에 비추어 기독교인 선수들의 건전한 사고와 바른 생활은 많은 청소년들에게 영향력을 줄 수 있다. 이렇게 스포츠 선교는 청소년활동과 학교체육에 영향을 준다. 과도기적인 청소년기에 심리적인 안정을 찾게 되고 기대는 대상으로서의 종교를 택하게 된다. 또한 체육활동을 통한 사회성과 자신감, 사랑하는 마음을 가지게 된다. 스포츠 선교를 통한 동아리 활동은 청소년기에 가장 효과적인 지덕체를 함양시키는 역할을 수행하며, 이러한 스포츠 선교의 노력은 학교체육에서부터 청소년들에게 영향을 주고 있다.

아직 정체성이 없는 청소년기에, 스포츠 선교는 이렇게 많은 역할을 할 수 있다. 건전한 육체속에 건전한 정신이 깃드는 것이다. 특별히 감수성이 예민한 사춘기 때에 스포츠를 통해 복음을 받아들이고 육체가 강건해지고 정신이 건강해 진다면 한 나라의 운명도 바뀌어질 수 있다. 꿈을 품어야 하는 청소년들에게 스포츠 선교는 아주 큰 역할을 할 수 있는 것이다.

스포츠 선교와 남, 북 체육교류

　스포츠 선교가 가지는 특징 중의 하나는 이념과 사상이 다른 나라에도 선교를 할 수 있다는 장점이 있다. 이념과 사상이 다른 북한에 정부주도의 체육활동은 정치적인 의도를 포함할 수 있기 때문에 지양해야 하며, 민간 주도의 체육교류를 지원하고 육성해야 한다. 이와같은 움직임은 한국교회에서 꾸준히 노력하고 있으며, 기독교 민간단체들의 교류도 진행되어야 한다. 이렇게 스포츠를 통하여 북한과 교류하다 보면 민족의 숙원인 남북통일도 이루어질 것이다.

3부
태권도 선교학이란 무엇인가

5장

태권도 시범과 국가 이미지

5장 태권도 시범과 국가 이미지
(최환석 2012:313-323)

1. 태권도 시범과 국가 이미지

    태권도 시범의 효과와 수련, 지식이 국가 이미지의 미래지향과 외향적에 영향을 미친다는 본 연구결과에 대한 충분한 설명력을 가진다고 할 수 있다. 이것은 태권도 시범은 태권도를 구성하고 있는 기본 동작, 품새, 겨루기, 격파, 호신술, 태권체조 및 특기기술과 묘기 등을 구성하여 짧은 시간 내에 보여주는 태권도의 종합적인 기술의 표현이라고 말할 수 있으며, 또한 이런 기술, 묘기, 특수 기술을 최근 들어 발달한 TV와 인쇄매체, 그리고 인터넷 등의 매스미디어나 공연에서 보여줌으로써 태권도를 비롯한 태권도 시범에 대한 인식이 증가할 뿐 아니라 전반적인 태권도와 태권도 시범에 대한 정보와 지식을 가지게 되고 태권도 종주국인 대한민국 국가 이미지가 상승되는 것이다.

태권도는 단순한 태권도가 아니라 우리의 민족정신을 전 세계에 알리는 역할을 하고 있으며, 또한 국가 이미지도 상당한 영향을 끼치고 그것은 또한 복음전도로도 이어지고 있다.

2. 국가 이미지와 충성도

더욱이 수많은 국제적인 정치 및 경제회의를 비롯한 메가 스포츠 이벤트에서 국가를 홍보하는 수단으로써 태권도를 비롯한 태권도 시범이 이용되고 있으며, 이러한 활동들로 인하여 태권도와 태권도 시범에 대한 관심이 증대되고 있을 뿐 아니라 이것으로 한국에 대한 이해와 동경 및 호감도가 형성되고 한국을 우호적으로 평가하게 된다. 국가 이미지와 평가, 미래지향적인 충성도에 영향을 미치게 된다.

이를 종합해 볼때, 태권도 시범은 국가이미지와 충성도에 영향을 미치고, 태권도 시범이 국가이미지에 영향을 미침을 볼 때, 한국의 국가브랜드 이미지를 높이기 위해서는 무엇보다도 태권도의 고유의 품질 유지, 다양한 프로그램 및 홍보전략 개발, 참여 용이 등 태권도의 문화상품 품질을 높이는 것이 매우 중요하다.

3부
태권도 선교학이란 무엇인가

6장

태권도 선교사 안전대책

6장 태권도 선교사 안전대책
(박동훈 2011:64-82)

1. 아시아 지역 선교사

세계 도처에서는 종교적, 이념적 갈등 등으로 인하여 끊임없이 테러가 분출될 수밖에 없을 것이고, 테러는 21세기 국가안보의 새로운 위협요인인 동시에 국제사회의 평화와 질서를 파괴하는 인류의 공공의 적으로 등장하였으므로 세계 어느 나라에도 테러로부터 안전할 수 없는 상황임을 알 수 있다.

캄보디아를 중심으로 살펴보면 첫째, 캄보디아 전역에 우리나라 선교사들이 들어가 활동을 해야한다. 이를 위해서 젊은 전문인 선교사가 특히 필요하다. 둘째, 지역사회 개발을 위한 선교가 필요하다. 캄보디아는 경제회생에 몸부림치며 사회 간접 산업인 도로, 항만, 전력, 수도, 하수 등에 선교적인 차원에서 어떠한 지역의 개발에 참여함으로써 선교에 동참할 수 있다. 셋째, 국내 입국자들을 위한 선교 안전대책도 필요하다. 우리나라에 동남아 외국인 노동자들이 몰려오고 있다. 선교사들을 직접보내 선교하는 방법도 있지만 우리나라의 외국인 노동자를 위하여 전도 프로그램을 기획하는 것도 좋은 방편이 될 것이다. 넷째, 장기선교 차원에서 입국과정과 일자리 창출, 그리고 귀국과정 등이 안전하게 이루어질 수 있도록 해야 실질적인 선교가 가능할 것이다. 선교라고 하는 것은 단순히 복음을 전하는 것 외에 사람의 안전도 포함하는 것이다.

필자는 필리핀 메트로 마닐라에서 30년간 태권도 사역을 했다. 그런데 슬픈일이 있었다. 2010년 8월 23일, 필리핀 태권도 '조' 선교사가 한국에서 입국한 선교팀과 선교지로 가다가 현지 필리핀인들로 부터 총에 맞아 순교했다. 필리핀은 매년 10명이상 한국인들이 살해당하는 위험한 나라이다. 비록 필리핀은 공산국가는 아니지만 총기 소지가 가능한 나라이고 불법무기가 100만정이 넘는다는 보고가 있다. 현지 선교사나 단기선교사들은 이 나라에서 조심해야 할 사항들이 많이 있기 때문에, 필리핀의 안전사고에 대해 충분히 숙지하고 있어야 하고, 필리핀에서도 분쟁중인 곳은 가서는 안되며, 한국대사관에서 급할 때 마다 알리는 카카오톡 문자메시지를 주의 깊게 보아야한다.

한국의 어떤 사람들은 길거리에서 큰소리 치는 사람들이 많고 필리핀사람을 공개적으로 하대하는 경우가 있는데 이것은 금물이다. 필리핀 사람들은 대부분 조용한 성격이지만 대중 앞에 무시를 당하는 경우, 살인으로 까지 연결될 수 있다. 그리고 마약사범은 현장에서 사살될 수도 있다. 그리고 공권력이 강하기 때문에 경찰에 대항하다가 총에 맞아 죽을 수도 있다. 필리핀은 자유국가인 것 같기도 하지만 한국같은 상황은 아닌 것이다. 단기 선교사, 장기 선교사, 그리고 한인 누구나 할 것 없이, 늘 안전수칙을 생각하지 않으면 안 된다. 선교지에 선교하러 왔다가 주님을 위하여 순교 당하는 것도 아니고 자신의 실수로 살해당한다면 이것보다 슬픈 것이 어디 있겠는가? 그래서 필리핀 선교지에서는 첫째도 안전, 둘째도 안전, 셋째도 안전이다.

2. 중동지역 선교사

　아프가니스탄 국제 선교 봉사활동과 탈레반의 인질 사태를 보면서 오히려 이러한 사태의 발생이 우리에게 커다란 교훈을 준다고 본다. 첫째, 해외 여행자들에 부합하도록 양적으로 개선해야 할 필요성이 있으며 상기 사태를 기회로 삼아 해외 공조 네트워크를 재 점검하고 종교 전문가로 구성된 협의체를 조직하여 선교봉사활동을 새롭게 구상할 필요가 있다. 둘째, 국가별 해외여행이나 선교와 봉사활동에 대한 정확한 가이드의 제시와 이에 상응하는 엄정한 법규의 조석한 마련이 필요하다. 셋째, 비정부조직의 선교와 봉사에 대한 새로운 정립을 통한 건전한 국제사회에 기여하는 것을 제시해야 한다. 넷째, 효과적인 단기선교 방법으로 미전도 종족에 대한 총체적 정보를 수집하는 가칭 '선교정탐 여행'이 필요하다.

3. 러시아 지역 선교사

　러시아 선교의 현지 상황의 불안전한 상황을 고려해야 한다. 첫째, 선교사는 비상 계획을 세우고 그 계획은 교회가 항구적으로 남아 현지인들을 위한 구원의 방주로 남도록 하는 것이어야 한다. 한국선교사가 떠난 교회를 현지인 목회자들이 자의로 처리할 가능성이 있다. 이 때문에 현지교단 중 뿌리가 있고 오랜 교단에 교회를 등록시키고 선교사 자신도 그 교단의 감독을 받도록 해야 안전하다. 둘째, 선교의 현장에서는 여러가지 어려움을 만나게 되는데 이를 위해 우선 각 교단 선교부가 진행하는 단기 선교 훈련프로그램 참여와 한국 위기관리 재단 등이 운영하는 위기관리 교육을 받아야 한다. 먼저 위험지역 운전 시 유의사항: 1) 불가피하게 시외를 갈 경우는 기름을 가득 채운다. 낯선 주유소에 정차하지 않도록하고, 외곽지역에서는 상황에 따라 신호등도 무시한다. 2)길을 물을 때는 차량문을 열지말고 외부에서 손을 넣을 수 없도록 한다. 3)밖에서 차량을 정지시키려는 목적으로 달려들거나 총격을 가할 때, 최대 속력으로 현장을 빠져나온다. 총기류.

중화기의 공격이 있을 경우는, 1)총기 난사시 일단 엎드리고, 주변 동정을 살핀다. 그러나 안전한 장소로 다시 피하려고 일어나면 표적이 될 수 있다. 2) 박격포. 로켓포 공격을 당한 경우, 경고 방송이나 안내에 따라 방공호 등 엄폐 가능한 곳으로 신속히 대피하고 그렇지 못하면 그자리에서 바짝 엎드려야 한다. 건물점거 등으로 억류, 납치되었을 때, 1)인질로 억류나 납치되었을 때, 저항하지 말고, 요구사항을 응해주어야 하며, 급작스런 행동을 하지 말아야 한다. 2)피랍인이 다수일 경우, 눈에 띄지 않도록 처신하고, 위협적인 인상을 쓰지 말고, 납치범과 눈이 마주치는 것을 피해야 한다. 3)무엇인가 물어 볼때, 되도록 짧게 자연스런 태도로 대답해야 한다. 4)어떠한 상황에서라도 자제력을 잃지 말고 절망감을 가져서는 안되고, 탈출로 등을 살펴보아야 하고, 5)건강유지를 위해 주는 것은 모두 먹어야하고, 몸이 아플 때 약을 요구하고, 될 수 있으면 납치범과 우호적 관계를 갖는다. 6)갑작스런 소리나 빛 또는 섬광이 나면 무조건 엎드려 있어야 한다. 진압작전이 끝나고 특공대원이 일으킬 때까지 움직이지 말아야 한다. 셋째, 러시아 등 공산권 국가들의 국민성을 이해하기 위해서는 많은 연구가 필요하다. 선교에 있어서 가장 중요한 것

은 그 나라의 문화와 사회와 사람들을 이해하고 연구하는 것
들이다.

즉 이런 것들이 선행되지 않는다면 선교지에서 효과적인
선교를 거두기 힘들 것이고 선교사 자신이 안전문제에 봉착
하게 될 것이다.

4. 태권도 선교사 안전

　오늘의 시대에는 특별히 안전문제가 대두되고 있다. 세계 곳곳에서 자살폭탄을 비롯한 수많은 테러가 자행되고 있다. 그중에서 태권도 선교사들은 대부분 노출되어 있기 때문에 안전에 유의해야 한다. 두 명의 태권도 선교사의 예를 들겠다. 앞서도 이야기했지만 대신총회에서 파송된 조태환 선교사는 1999년부터 필리핀에서 선교활동을 했다. 어린이 선교, 태권도 선교, 집짓기 사역, 기아대책과 유니세프 등과도 협력 사역을 했다. 그리고 안티폴로 지역에서 2년간 태권도 시범을 하며 어린이 사역을 펼치기도 했다.

　2011년 8월 23일 강도의 총에 맞아 순교했다. 아렌다 지역에 사랑의 집짓기 행사 차 한국에서 온 손님을 마중 나가 공항에서 돌아오던 중 강도에게 변을 당한 것이다. 그가 필리핀에서 주력해온 사역은 어린이 사역과 태권도 사역이었다. 그 젊은 나이 43세에, 사모님과 두아이를 세상에 놔두고 홀로 떠나고 말았다. 강도들은 공항에서부터 미행을 한 것이다. 한국에서 손님들이 온다는 소식을 미리 알았던지, 아니면 공항에서부터 한국사람들이 단체로 차를 타니까 미행을 했던지 했을 것이다. 그래서 선교사들은 서로의 안전을 위해서 현지 교인들에게도 동선을 알려주면 안된다. 필리핀은 총기를 소지할 수 있으며, 가난하기 때문에 어떤일을 감행할지 아무도 모른다.

조太환 선교사의 피살은 필자의 사역기간 중에 일어난 것이며, 필리핀의 나의 지역에서도 가까운 곳에 있었기에 더욱 마음이 아프다. 선교사의 모든 일들을 분명히 하나님께서 지켜 주시고 보호해주시지만 우리 스스로도 안전에 조심을 해야한다. 그리고 필자는 안전을 위해 지갑을 갖고 다니지 않는다. 왜냐하면 강도들은 제일 먼저 찾는 것이 지갑이기 때문이다. 그리고 그런 위험을 대비해서 어느 정도 돈은 가지고 있는 것이 좋다. 강도가 뒤져서 돈이 안나오면 강도들이 홧김에 죽일 수 있기 때문이다.

강도들도 생각을 한다. '조 선교사는 현지 상황에 밝으니까 살려 두면 빨리 신고할 것이고, 방금 도착한 한국인들은 상황을 잘 모르니까 신고하는 것도 늦어질 것이다' 이런 저런 이유로 선교사님은 강도의 표적이 되었던 것이다. 현지 교인들이라고 믿으면 안되고, 기도하면서 상황을 살펴야 선교사들이 안전을 지킬 수가 있다. 세상 사는 그날까지 우리는 나그네로 살아가기 때문에 조심하고 또 조심해야 한다.

한 사건을 더 다루려고 한다. 지난 13일 오전 카자흐스탄의 카라간다시에서 선교 사역을 하던 김진희 선교사(34세,1970년생)가 두 명의 괴한에 의해 살해되었다. 이 날 남편 H선교사가 두 딸을 학교에 등교시키기 위하여 오전 9시부터 11시까지 집을 비운사이에 일어났다. 집에 돌아온 시간은 오전 11시경, 이때 김선교사의 집에는 아직 괴한이 남아 있었다. 문을 여는 순간 머리에 쇠파이프로 맞아서 부상을 입었다. 선교사가 정신을 차린 후에는 이미 강도들은 도주했다. 괴한에 의해 심한 폭행을 당한 김진희 선교사의 시신은 심하게 손상된 상태였다. 손에도 흉기에 찔린 흉터가 있었다. 김선교사의 죽음은 한국이 지난 1992년에 수교를 맺은 이후 최초의 한국인 사망자였다. 두 선교사는 1997년 카자흐스탄에 입국하여 2000년 1월까지 사역을 하다가 비자문제로 필리핀 라구나 주에서 2004년까지 사역을 하다가 5월 다시 입국했다.(인터넷 2004).

김진희 선교사의 남편 선교사의 간증을 기록하자면 아래와 같다.

2004년 4월에 우리 가족은 카자흐스탄으로 돌아왔다. 모든 것이 새롭게 정착되어 가고 있었다. 그런데 불과 5개월이 지난 2004년 9월 13일 오전 10시경에 집에 혼자 있던 아내가 갑작스런 괴한들의 침입에 의해 살해 되었다. 그들은 돈이 필요한 갱단의 행동대원이었고 이미 마약사범으로 경찰 리스트에 올라가 있는 범죄자들이었다…중략…가난한 선교사의 집에 돈이 나오지 않자 연약한 아내를 짐승처럼 손과 발을 묶고 재갈을 물려놓았다. 그리고 둔기로 왼쪽머리를 심하게 가격하여 결국 두개골 함몰과 뇌출혈로 나의 아내 김진희 선교사는 순교하였다. 당시 한달만 지나면 결혼 10주년을 맞게 되는데 아내는 먼저 그렇게 아버지의 부름을 받아 떠나가 버렸다.(한재성 2017 인터넷).

위의 글은 이미 아내 김진희 선교사가 숨진지 13년이 지난 후 남편선교사의 블로그 글을 옮긴 것이다. 참으로 먹먹한 마음 금할 길 없다. 특히 태권도 전문 사역자였기에 더욱 가슴이 아프다. 우리가 선교지에서 사람을 불신하면 안되겠지만 그렇다고 무턱대고 믿는 것도 금물이다. 선교사들은 대부분 선교지의 집에서 거주를 하지 않는다. 왜냐하면 안전에 문제가 되기 때문이다. 선교사가 권총을 소지한 '보안요원'을 고용해서 집을 지키게 할 수도 없다. 또한 대부분의 선교지 장소의 환경은 치안이 문제가 되고 밤에 여러명이 오면 꼼짝없이 당하게 되어있고, 우리가 상상하는 것보다도 더 어려운 상황이 될 수 있다.

그렇기 때문에 선교사들은 교통이 좋고 아이들이 교육을 받을 수 있는 도시에 집을 구하는데, 형편이 넉넉한 선교사들, 큰 교단에서 파송한 선교사들은 괜찮지만 군소교단의 소속 선교사들은 아마 선교비의 전부를 집세로 주고 있을 수도 있다. "필리핀 선교사들은 5만원이면 한달 생활이 가능하다고 하더라!" 그래서 5만원 보내면 책임을 다했다고 생각하는 후원자들이 있는데 실상은 2020년 기준 약 2백만원은 있어야 생활과 사역을 그나마 조금 할 수 있다. 예를 들어 100만원 가지고 4인가족 생활비와 사역을 한다는 선교사가 있다면 그것은 홍해바다를 건너는 기적보다 더 큰 기적이다. 대부분 통합측 장로교회, 합동측 장로교회 소속된 선교사들은 돈 걱정없이 사역을 하는 것을 볼 수 있었다. 즉 군소교단 소속 선교사들은 선교보다는 생존 때문에 많이 힘들어 한다.

외국에 나가면 한국말을 하는 사람이 반갑고 좋다. 그러나 그런사람이 더욱 위험하다는 사실을 알아야 한다. 중국 조선족 교회는 분쟁의 요소가 많다. 지금은 모르겠으나 예전에 중국의 조선족 교인들이 선교지의 선교사를 중상모략하기도

한다. 왜냐 북한 사투리지만 중국에서 한국으로 전화하는데 인터넷 전화도 있고 전화카드가 있어, 하나 하나 보고 할 수 있기 때문이다. 그래서 중국 선교사들은 조선족 선교에 대해 생각해 보아야 한다. 조선족 교인이나 현지의 교인들 중에 신앙심이 좋아서 교회나 모임에 온다고 생각하면 그것은 착각일 수 있다. 선교사 자신도 하루에 12번 변하는데 현지인들은 오죽하겠는가? 그들은 일단 빵이나 돈을 보고 오는 것이다.

그리고 안전한 가옥에 산다고 할지라도 한국말을 한다든지, 외부인인 경우는 문을 열어주어서는 안 된다. 카자흐스탄의 김진희 선교사는 오전 9시부터 11시 사이에 강도가 왔는데 문제는 문을 열어주었던 것이다. 특별한 만남이 있다면 사전에 연락이 있었을 것이다. 선교사들은 집단속을 중요시해야 하며 특별히 아는 사람이 아니면 집을 공개해서는 안된다. 우리는 현지인들의 생김새가 다 비슷하게 생겨서 몇 번 보아도 잘 모르지만 현지인들은 선교사들의 상황을 소상히 알고 있을 수도 있다. 모든 것의 공개가 자기의 생명을 앗아갈 수가 있다. 집단속과 더불어 입단속을 잘해야만 안전문제가 해결된다.

3부
태권도 선교학이란 무엇인가

7장
태권도 리더십과 선교전략

7장 태권도 리더십과 선교전략
(노형호 2014:89-108)

1. 태권도 선교와 리더십

태권도 선교에 있어 지도자의 '영적 리더십'은 매우 중요하다. 선교현장에서의 갑작스러운 변화와 문화 충돌은 지도자의 리더십을 요구하게 되고 거기에 충족하지 못하면 갈등으로 이어지기 때문이다.

거래적 리더십의 기능

과거 태권도 선교는 '거래적 리더십(transactional leadership)'에 중심을 두고 이루어졌다고 해도 과언이 아닐 것이다. 거래적 리더십은 태권도 선교사가 회원들에게 교환적 의도를 갖고 접근하는 것으로서, 지도자가 가지고 있는 어떤 가치를 회원들과 교환하여 거래이익을 얻고자 하는 리더십의 유형이다. 다시 말하면 거래적 리더십은 지도자가 상황에 따른 보상에 기초하여 부하들에게 영향력을 행사하는 과정으로 정의할 수 있다.

리더십에 대한 전통적 견해는 리더십의 성과를 재고 시키기 위해 지도자와 부하 간의 계약적인 거래 관계로써 이해할 수 있다. 이러한 전통적 개념을 근거로 거래적 리더십은 구성원이 가지고 있는 욕구를 얻기 위하여 지도자가 자신이 가지고 있는 노동력이나 지식 아이디어등을 제공하고 구성원이 원하는 욕구를 충족시켜 주는 교환관계에서 다른 사람과의 계약에 있어 주도권을 취할 때 발생한다.

'거래적 리더십'을 발휘하는 지도자는 성과의 양 혹은 질을 개선할 수 있는 방안, 집단이나 조직의 목표달성 방법, 부하들의 저항 감소방안, 특정행위의 이행방안에 관리의 초점을 두고 있다. 거래적 리더십이 가지는 장점을 태권도 선교현장에서 적용하되 시간을 두고 기도하면서 '변혁적 리더십'이 이루어 지도록 그 의미를 부여해야 한다.

변혁적 리더십의 기능

'변혁적 리더십(transformational leadership)'은 카리스마적 리더십과 상호 교환적으로 사용되기는 하지만 변화와 혁신을 추구하는 리더십이론으로 그 위치를 확고히 잡아가고 있는 새로운 형태의 리더십이론 중의 하나이다. 변혁적 리더십은 부하들에게 영감을 주거나 부하 개개인의 성취 욕구를 고취시켜 주며, 문제 해결에 대한 새로운 방법을 제시하고, 개인적 노력을 고양시키는 것으로 정의되고 있다. 태권도 선교에 있어 '변혁적 리더십'은 회원들에게 더 넓은 목적을 추구하게 하여 그들의 관심을 넓힘으로써 자신들의 이해관계를 집단의 이해관계에 종속시키게 하는 것이다. 리더십의 전통적 개념에 근거한 '거래적 리더십'보다는 많은 관심의 대상이 되고 있는 것이 '변혁적 리더십'이다. 이는 회원들의 신념, 가치, 욕구의 변화를 통하여 조직이나 집단의 성과를 향상시킨다.

변혁적 리더십은 환경을 변화시키려는 가시적 특성보다 지도자의 자기 확신과 강한 이념적 신념을 특징으로 한다. 지도자는 또한 구성원들에게 높은 기대감을 부여하고 확신을 불어넣어주며, 구성원 각 개인에 대한 관심과 배려를 통해 구성원들을 변화시켜 나갈 수 있다.

변혁적 리더십과 태권도 선교

변혁적 리더십은 기존의 리더십 이론이 지도자와 하급자간의 교환관계에 기초한 거래적 리더십을 비판하면서 나온 것이다. 과거의 태권도 선교방식은 단순한 거래적인 선교에 치우쳤다면 지금의 선교 방식은 지식의 다양화, 정보의 다양화로 말미암아 더 높은 동기 부여와 욕구로 채워 줄 수 있는 비전을 지도자에게 요구하는 시대가 도래했다. 태권도 선교에 있어 '변혁적 리더십'이 차지하는 역할은 매우 크다고 본다. 거래적 리더십은 태권도 선교를 할 때, 복음을 전하기 위한 하나의 수단이 된다면 '변혁적 리더십'은 선교현장에서 교회를 세우기 위한 지도자의 섬김을 요구하는 내용이다. 이는 태권도 선교에 있어 지도자의 영적 리더십이 어떠한 가에 대한 최종적인 목표가 되는 것이다. 선교의 목적은 예수 그리스도의 구원을 성경 말씀에 근거하여 죽어가는 영혼을 구원하고, 교회를 세우며 섬기는데 있기 때문이다.

2. 태권도 선교의 리더십 유형과 선교전략

태권도 선교를 함에 있어 분명한 목적과 비전은 리더십과 연관된 매우 중요한 질문이다. 리더십은 '명령을 내리는 것'이나 단지 사람들의 생각과 행동에 영향력을 행사하는 것 이상이다.

다음은 Bill Hybels의 지도자의 스타일이다.

1) 비전가형 리더십: 이런 지도자는 아주 강력한 비전을 제시하고 그 비전을 현실로 이루는 일에 모든 열정을 다한다.

2) 방향 제시형 리더십: 이런 지도자의 강점은 결정적인 지점에 도달했을 때 단체를 위해 올바른 길을 선택할 수 있는, 하나님이 부여하신 초자연적인 능력을 갖추고 있다.

3) 전략가형 리더십: 전략적인 지도자는 마음을 설레게 하는 비전을 선택했을 때 그 성취 과정을 단계별로 나

눌 수 있는 능력을 하나님께 받은 사람이다. 이런 리더십은 단체가 계획적으로 사명을 실현할 수 있다.

4) 격려형 리더십: 이런 리더십은 팀원들이 피곤에 지치고 집중력을 잃어버린 것까지도 알 수 있다.

5) 양치기형 리더십: 이런 리더십은 팀을 세우고 팀원들을 사랑하며, 양육하며 지도한다.

복음을 전하는 태권도 선교사의 기능은 무엇보다도 성경을 근본으로 한 영적인 지도자로서 준비가 매우 중요하다. 왜냐하면 예수그리스도의 복음을 위해 부르심을 받았기 때문에 태권도 선교의 핵심은 복음을 전하는데 그 목적이 있기 때문이다.

팀 사역의 전략

태권도 선교에 있어 '팀 사역'이란 매우 큰 힘을 발휘할 수 있는 원동력이 된다. 가령 역할을 나누어, 태권도를 가르치는 역할과 목회를 하는 역할을 분담할 때 그 영향력을 극대화할 수 있다. 구약에서도 팀 사역의 예로 모세를 불렀을 때, 거절하자 하나님께서는 형 아론을 붙여주셨고, 또한 모세를 방문한 이드로의 말을 듣고 그 말대로 했다. 그러므로 선교현장에서의 다양한 변화에 적응하며 극복하기 위하여 역할분담을 통한 사역이 절실히 요구되는 시점이다.

태권도 지도자 양성기관 설립

태권도는 세계 201개국 8천만인이 수련하는 세계인의 무예 스포츠이다. 또한 한국은 태권도 종주국이다. 또한 전세계에 태권도 사범을 파송하고 있다. 이러한 태권도와 관계된 시대적 상황 속에서 태권도 선교사의 역할은 다른 전문인 선교사에 비해 크다고 하겠다. 그러나 태권도 선교사를 체계적으로 훈련시킬 수 있는 제도적 한계에 봉착해 있다.

필자는 필리핀 메트로 마닐라에서 30년간 태권도 사범을 한 사람으로써 은퇴 후에는 한국과 필리핀에 '세계 태권도 사관학교'를 세워서 전세계에 태권도로 선교하려는 꿈을 오래 전부터 갖고 있었다. 이것은 나의 꿈이 아닌 하나님의 꿈이다.

3부
태권도 선교학이란 무엇인가

8장

한국 태권도 헤게모니와 한국화 형성과정

8장 한국 태권도 헤게모니와 한국화 형성 과정 (신종섭 2017:7-17, 58-72).

1. 태권도의 세계화

태권도가 해외에서 활동하기 시작된 시기는 1950년대로 볼 수 있다. 이를 계기로 태권도는 세계의 무대에 활발하게 발을 넓히기 시작했다. 세계화란 국가적으로 문화, 사회, 경제, 정치적인 부분의 경계선을 구분하지 않고, 서로 다양한 정보와 지식등을 공유하는 것이다. 또한 어떠한 국가의 문화나 사회성은 특정적 기질만을 고집하는 것이 아니라 서로 융합되고, 호환되어 양면의 가치를 모두 가지고 있는 것이라 생각할 수 있다.

태권도의 첫 해외활동은 군대에서 시작되었다. 그 주축에 최홍희 장군이 있었다. 1959년 그는 국군태권도시범단을 이끌고 월남과 대만 등지에 순회시범을 했다. 이것이 최초의 해외 시범이었고, 이것을 시작으로 태권도를 배운 젊은 지도자들이 세계 곳곳으로 나가기 시작했다. 또한 한국전쟁과 월남전에서 한국 태권도를 배운 병사들이 본국으로 돌아가 태권도를 보급하기도 했다. 또한 국기원과 세계태권도연맹이 건립되면서 한국의 태권도 지도자들은 정부의 지원을 받았다. 한국 태권도 관련기관에 속해있는 태권도 시범단의 해외파견은 태권도의 해외 활동 무대를 더욱 발전적으로 만들어 주었다. 더욱이 태권도가 세계적인 무예 스포츠로 부각될 수 있었던 가장 중요한 계기는 무도인 태권도를 스포츠화, 즉 경기화 시켰다는데 있다. 그 결과 2000년 시드니 올림픽부터 정식종목으로 채택이 되어, 2020년 도쿄올림픽까지 정식종목으로 채택되어 졌는데 이는 현대 사회에서 의미있는 결과이다.

 태권도가 세계의 무대를 대상으로 보여준 다양한 활동들을 보았을 때, 세계인들의 문화 속에 태권도를 침투시키는 기적을 만들었고 그 결과 태권도는 세계인들이 모두 함께 즐기는 무예 스포츠가 되었다. 또한 각 나라의 성격에 맞는 다양한 형태로 변화하여 지속적인 개발과 발전이 이루어지고 있다.

태권도는 일제 강점기를 거치면서 여러 무예들과 서로 영향을 주면서도 태권도는 그 자체의 독자적인 자리를 잡아갔다. 나중에는 세계 올림픽의 정식 종목으로 채택되면서 한국인의 긍지는 나날이 높아갔고 태권도는 한국을 떠나 세계인의 관심을 집중으로 받고 있는 종목이 되었다. 1980년 시드니 올림픽에 태권도가 정식 종목이 된 후 벌써 40년이 되었다. 세월이 갈수록 태권도는 세계적인 스포츠가 된 것이다.

2. 태권도와 '그람시'의 헤게모니 이론

우선 '헤게모니'란 '가장 통상적인 의미에서 한 집단, 국가 문화가 다른 집단, 국가, 문화를 지배하는 것'이다. 역사적으로 보았을 때 세계는 서양의 문물을 받아들이고, 따라가고 있다. 한국 또한 서양의 문물을 받아들이고 있지만 한국의 고유의 무예인 태권도는 세계화 추세와는 반대로 서양인들이 우리의 스포츠를 받아들이고 있다. 결국 이러한 현상들은 특정 집단에 의한 이데올르기의 지배력을 행사하는 것이라고 볼 수 있는데, 태권도의 모국은 한국이기 때문에 태권도의 지배 이데올로기는 한국이 가지고 있다. 이는 서양인들이 태권도 지배 이데올로기를 가지고 있는 한국의 문화에 행동양식을 맞추게 된다고 볼 수 있다. 헤게모니 관점에서 스포츠는 우리 사회에 만연해 있는 사회적 불평등을 반영할 뿐 아니라 촉진하고 재 생산한다.

태권도 교육도 이와같이 외국 태권도 수련생들에게 국기에 대한 경례, 한국문화 교육, 한글 문화 교육, 한글 등을 가르친다. 이러한 교육은 태권도를 통한 헤게모니 강화를 의도하는

경우이기도 하다. 이러한 태권도 세계화에 나타난 헤게모니
는 외국 태권도 수련생들에게 한국의 문화와 태권도의 문화
에 대한 지적, 도덕적 동의와 지도를 통해 한국의 문화를 다
시 재생산 시키는 것이다.

3. 한국문화 이해 증진

외국 태권도 수련생들은 자신들의 국가에서 태권도를 배울 때 태권도의 기술적인 측면 만이 아닌 한국 문화에 대해서도 교육을 받았다. 이러한 교육은 한국 문화에 대한 지식을 키워주는 역할을 했고 결국 한국 문화를 동경하고 지지하는 역할로 나타나게 되는 것이다.

한국 문화에 긍정적으로 생각하는 현상들은 비단 태권도를 배우는 외국 수련생들에게만 나타나는 것이 아니었다. 주변에서 쉽게 접하는 가족들에게도 동일한 현상들이 나타났다. 태권도의 교육적 가치와 우월성이 이러한 현상들의 기저에 있는 것이 사실이지만 그들이 한국 문화를 수용하지 않았다면 쉽사리 행동에 옮기기 어려웠을 것이다.

실제적으로 한국에 유학오게 되면서 직접적으로 한국의 태권도 운동문화와 한국의 생활문화를 느끼고 경험하게 되면서 새로운 도전 정신을 키워주는 역할을 하게된다. 이런 활동들은 외국 태권도 수련생들이 한국화되어 가는 과정인 것이다.

4. 정체성 갈등과 극복과정

외국 태권도 수련생은 한국 체육계에 남아있는 고유의 위계질서 문화에 대해서 가장 많은 갈등을 빚는 것으로 보인다. 이들은 한국의 태권도가 좋아서 한국으로 유학 온 것이기에 강압적인 요구는 이들에게 갈등을 만드는 요인이 된다. 하지만 대부분의 외국인 수련생들은 태권도에 애착심을 가지고 한국 문화를 수용하는 자세이기 때문에 쉽게 포기하거나 이탈하지 않는다.

외국 태권도 수련생들은 어렸을 때부터 태권도의 가장 중요한 예의, 극기, 인내, 염치, 백절불굴의 5대 정신을 바탕으로 교육을 받아왔기에 쉽게 좌절이나 낙심은 없었다. 고향을 떠나 외국 생활을 선택하는 것 자체가 쉬운 일이 아니다. 하지만 외국 태권도 수련생들은 적극적인 자세를 통하여 한국에서의 생활을 유지하는 것으로 보여 진다.

외국인 태권도 수련생들은 태권도의 종주국 한국으로 와서 정통적인 태권도를 배우려고 할 때 나타나는 현상을 위에서 기록하였는데, 한국 태권도에 남아있는 정서들이 외국인의 눈에 비추어 보았을 때는 여러 갈등의 요소가 있지만 이들은 그냥 일반학문을 연구하러 온 것이 아니라 태권도라는 전통무예를 배우러 온 사람들이기 때문에 일반인들과는 좀 다른 강인한 운동정신이 몸에 배어 있는 사람들이기에 웬만한 정서적 차이는 넘어가며, 또 이길 수도 있음을 알 수 있다.

5. 한국사회의 정서적 구성원 되기

결국 한국화라는 요소는 외국 태권도 수련생들이 가지고 있던 다양한 한국의 개념들 중에서 필요한 단계에 있어 나타나게 되는 것이다. 외국 태권도 수련생들은 태권도를 배우면서 태권도의 모국인 한국에 대해 관심을 갖고 꼭 한번 오고 싶은 나라라고 생각을 한다.

외국 태권도 수련생들은 한국의 문화와 생활의 만족을 느끼고 있었다. 이러한 만족이 있었기에 한국의 문화를 내적으로 내면화 시키는 것으로 나타났다. 외국 태권도 수련생들은 한국 태권도 지도자들에게 다양한 교육을 받아왔기 때문에 쉽게 한국 문화를 내면화 시킬 수 있었고 긍정적으로 받아들일 수 있었다. 이러한 현상은 일반 외국인보다 태권도를 배운 외국 태권도 수련생들한테 한국 문화를 따라하려고 하는 현상이 보다 눈에 띄게 나타난다.

결국 태권도는 세계의 여러 나라에 한국화를 내재화 시킬 수 있는 매개체의 역할을 수행하고 있다. 태권도를 통해 외국인들은 직접적으로 사회체제에서 한국문화를 실천하는 것이고, 이것은 결국 전 세계에 퍼져 나가 한국을 우호적인 한국의 문화로 내재화 시킬 수 있는 개념이 되는 것이다.

특히 외국인 태권도 수련생들은 태권도만 배울 뿐 아니라 정서적으로 한국을 이해하고, 한국의 정신을 이어 받는다고 할 수 있다. 오래전 한국의 무예로 시작하여, 이제는 태권도라는 아름다운 꽃이 피어났고 이제는 전 세계에서 피는 태권도가 된 것이다. 필자의 생각은 태권도를 통하여 전 세계에 복음의 꽃을 피우기 위해, 하나님께서 마련하신 것으로 본다.

6. 기독교인 만들기

태권도가 좋아서 한국을 찾은 외국인 수련생들에게 복음을 전할 수 있는 좋은 기회가 있다. 만약에 태권도 지도자가 기독교인이라면 가능한 것이다. 태권도의 기술을 전하면서 더불어 복음을 전한다면 이보다 좋은 일은 없을 것이다. 비록 외국에 나가서 전문인 선교는 못할지라도 한국에 찾아온 수련생들에게 자연스럽게 전도를 할 수 있다. 잠시 쉬는 시간을 활용해 예수그리스도를 전한다면 하나님께 영광이 될 것이다.

외국인 태권도 지도자 한사람을 기독교인으로 만들면 그는 본국에 돌아가 태권도와 더불어 복음을 전하는 사람이 될 것이다. 한국의 태권도 사범들은 좋은 달란트와 복음을 가지고 부지런히 운동을 가르치고 복음을 전하는 자가 되어야 할 것이다.

3부
태권도 선교학이란 무엇인가

9 장

태권도 선교사의 요건

9장 태권도 선교사의 요건

1. 적응

　노형호는 선교현장에 뛰어들기 위해서는 어느 정도 시간이
필요하다고 말한다.

> 하나님의 부르심과 소명이 뚜렷한 태권도 전문인 사역자가 된다는 것은
> 쉬운 일이 아니며, 오랜 동안 많은 연습과 훈련이 되어져야 한다. 대부
> 분의 사람들이 헌신하고자 결단할 때, 10년 앞을 계산하기보다 태권도
> 라는 운동을 해 왔기에 간단한 자격을 갖추고 선교현장에 임하는 사람
> 들이 대부분이다. 왜냐하면 태권도 전문인 사역자가 되기 위해서는 최
> 소한 7년 이상의 운동을 해야 하며 여러 가지 자격 조건을 갖추기 위해
> 선 약 10년 가까운 시간이 걸린다.(노형호 2004:31).

　태권도 전문인 선교사가 갖는 또 다른 특성은 운동으로 단
련되어 있어, 다른 타문화권에 빨리 적응하는 장점이 있다.
일부 선교사들은 타문화권에 적응하지 못하여 실패하는 경

우가 있는데 태권도 선교사들은 더위와 추위를 두려워하지 않고, 음식도 잘 섭취할 수 있는 체력적 훈련이 평소에 잘 갖추어 있다. 이런 훈련이 되어있지 않으면 그 나라 풍토병에 걸리기 쉽고, 현지인들을 강하게 리더할 수 없고, 교육적인 면에서도 탁월한 영향을 발휘할 수 없다. 그러므로 강한 적응력만이 선교현장에서의 좋은 결과를 기대할 수 있는 원동력이라고 볼 때 평소 훈련되어진 태권도 사역자의 체력은 중요한 일을 담당하고 있는 것이다.(노형호 2004:31-33).

즉 태권도 선교사는 다른 일반 선교사들보다는 건강한 신체를 갖고 있기 때문에 타문화권에서 적응할 때에 장점으로 작용하고 있다는 것이다. 이것 또한 태권도 선교사들에게 주시는 하나님의 은총이다.

2. 영성과 인격

하나님의 일을 하기전에 먼저 거치지 않으면 안되는 것이
바로 영적훈련이다. 훌륭한 군인이 되기 위해서는 잘 훈련되
어져야 한다. 그 중에 중요한 부분이 인격이다. 하나님께서
원하시는 인격은 하나님의 은혜로 말미암아 세워져야 한다.
우리가 목적하는 것은 복음의 도구로 태권도는 쓰일 뿐 저들
에게 생명력 있는 말씀을 전해야 하는 것이 제일의 목적이다.
그러므로 태권도 선교사가 갖추어야 할 자질 중에서 가장 중
요한 것은 지, 덕, 체를 겸비한 영적인 강한 힘이 있어야 한
다. 이런 힘을 갖추기 위하여 묵상훈련, 금식훈련, 심지어 고
독훈련, 순종훈련, 섬기는 방법, 예배 인도법 등 다양한 교육
을 받아야 하고, 신학적인 훈련도 받아야 한다. 영적으로 성
숙되어 있지 못하면 자기의 고집과 아집으로 분리될 수밖에
없는 오점을 남기게 된다. 특히 태권도 선교사는 매일 같이
현지인들을 대상으로 운동을 해야 하는데 이러한 체력과 함
께 영적인 면이 함께 갖추어져 있지 않으면 강한 리더십을 발
휘할 수 없다.(노형호 2004:33-37).

태권도 선교사가 영적인 부분보다는 태권도라는 운동을 중점으로 가르친다면 전문인 선교사라고 할 수 없다. 태권도 선교사는 태권도라는 수단을 통하여 목적인 예수 그리스도를 전하는 사람들이다. 그러기에 하나님의 말씀으로 그리고 영성과 인격이 가득차 있어야 한다.

3. 강한 체력

태권도의 훈련과정을 보면 반복되어지는 기술에, 강한 기합은 강력한 체력을 뒷받침해 주어야 가능한 것이다. 현지에서 원주민들과 함께 뛰고 달리다 보면 어느덧 그 문화 속에 자기가 심취되어 현지인들과 금세 하나가 되는 것을 볼 수 있는데 이것은 스포츠가 공통적으로 공유하는 사고방식이 그들의 마음 속에 자리 잡고 있기 때문이다. 태권도 전문인 사역자는 금방 만들어지는 것이 아니라 오랫 동안 여러 단체의 훈련 속에서 만들어져 간다는 점에서 더욱 중요하다. 강한 체력 속에 하나님의 향기가 묻어나지 않는다면 그 사역자는 끊임없이 갈등 속에 휩싸일 수 있다.(노형호 2004:38-39).

태권도 사역자는 강한 체력과 더불어 그리스도의 향기가 나타나야만 하나님의 뜻을 이룰 것을 믿고 선교지에서 최선을 다해야 한다.

4. 하나님의 믿음

태권도 선교사가 갖추어야 할 마지막 조건은 하나님의 믿음을 소유해야 한다. 이 믿음이 없으면 앞으로 전진할 수 없다. 옛날 구약의 모세가 홍해 바다 앞에 섰을 때, 하나님의 믿음을 가지고 담대히 200만의 이스라엘 백성과 함께 홍해바다를 건넜다. 이 하나님의 믿음은 뒤로 물러가지 않는 믿음이다. 아무나 이 믿음을 소유할 수 없다. 태권도 선교사들이 선교지에 오면, 홍해바다가 기다리고 있고 뒤에는 애굽의 군사들이 죽이려고 쫓아오는 형국이 되었을 때, 모세처럼 하나님을 믿고 하나님의 믿음을 가지고 앞으로 전진해야 하는 것이 태권도 선교사이다.

두려워하는 자는 태권도 선교사가 될 수 없다. 나는 연약하지만 모든것이 가능한 하나님을 믿어야 한다. 오늘도 하나님의 마음과 하나님의 믿음을 소유한 모세와 같은 태권도 선교사를 찾고 있다.

3부
태권도 선교학이란 무엇인가

10장
태권도의 세계화와 선교 방법

10장 태권도의 세계화와 선교 방법

1. 태권도 지도자 파송

이미 태권도는 세계적으로 알려진 스포츠가 되었기 때문에 태권도 인구가 한국에는 포화상태에 이르렀다. 매년 대학마다 새롭게 생겨나는 태권도 전공, 수없이 많이 배출하는 태권도 지도자들을 더 이상 수용하기 힘든 상태이다. 그러므로 제도적이며, 조직적인 태권도 지도자 파견제도가 생겨나야 한다. 또한 대학에서도 국내시장을 겨냥한 지도자 육성이 아닌 세계로 뻗어나갈 수 있는 국제적 마인드를 겸비한 지도자를 배출해야 한다.(김정모, 이충영, 박명수, 임용택 2005:995).

또한 한국교회도 태권도 지도자들을 잘 훈련시켜 선교지로 파송시킬 준비가 이미 되어있다. 국가는 국가대로 태권도 지도자를 해외에 파견할 뿐 아니라 한국교회와 각 선교단체들은 연합하여 전문인 선교사들을 훈련시켜 각 나라의 선교지로 파송한다면 큰 결실을 맺을 수 있을 것이다.

2. 태권도 경기의 세계화

국제대회와 같은 각종 체육대회를 통틀어 스포츠는 세계 복음화 전략과 밀접한 관계가 있다. 그 특징적인 면을 살펴보면 첫째, 국제 스포츠 대회를 비롯한 각종 체육대회는 가장 효과적인 선교의 장이다. 어떤 집회에서 세계120개국 이상의 사람들을 같은 기간에 같은 장소에서 모이게 할 수 있을까 모이는 관계자들과 관중들을 대상으로 한 선교 방법이 개발되어져야 한다. 둘째, 국제 스포츠 대회는 가장 효과적인 언어 미디어인 스포츠를 통한 선교방법의 현장이라는 특성을 가지고 있다. 대표선수들이나 코치, 감독이 선교화 되면 언론과 미디어를 통하여 복음을 전하는 것이 극대화될 수 있다. 지난 2004년 아테네올림픽에서 태권도 경기 마지막 날 남자 헤비급 결승전은 전 세계에 방송되었다. 책을 기록하는 이 시간 당시의 문대성 선수의 영상을 보는데 정말로 놀라운 일이었다. 경기전에도 서서 기도했고 승리했던 그 순간도 매트에 무릎꿇고 기도하는 그 모습, 너무 감동적이었다. 이것이 바로 선교인 것이다. 그것을 보며 전 세계의 태권도인과 일반인들은 많은 생각을 가지게 될 것이고, 또한 그리스도 앞에 돌아올 사람이 많았을 것이다. 최근 20-30년간 태권도가 급속하게 세계화가 된 사실은 태권도의 자랑이며 한국의 자랑이기도 하지만 이를 통해 가장 효과적인 선교의 도구가 되고 있다는 사실을 한국교회는 잊어서는 안된다.(김정모 외 2005:995-996).

3. 태권도 시범

　　태권도에 있어서 태권도 시범은 태권도 기술의 종합적인 면을 짧은 시간에 효과적으로 보여줄 수 있는 장점이 있다. 시범을 통한 태권도 선교방법은 태권도 시범을 드라마로 구성하여 짧은 시간에 효과적으로 메시지를 전한다. 태권도 체조나 고난위도 기술의 격파를 보여줌으로 관중들을 모이게 만들고 모인 관중들에게 선교 드라마를 시범한다. 송판에 마약, 알콜, 대마초 등을 써 격파를 하기도 하고, 예수님의 고난과 부활 등을 드라마로 표현하기도 한다. 이후 간증과 5분 설교를 통해 즉석에서 선교활동을 한다. 태권도 시범단은 교회에서 활발하게 행해지는 해외 단기 선교를 위해 지원되기도 하고, 또는 국제 대회와 같은 전 세계인이 한 곳에 모이는 장소에서 가장 효과적으로 활용되어 진다.(김정모 외 2005:996).

　　태권도 시범을 통한 선교전략은 이미 많은 효과를 얻었다. 그러므로 매년 같은 방법으로 하기보다는 청중들의 눈높이 또는 발전의 속도를 보아가며 나날이 선교전략등을 개발하고 보완해야 할 것이다. 태권도라는 것이 한국에서만 머물 수 있었을 텐데, 하나님께서 전 세계에 복음의 발판을 삼으시려고 올림픽의 정식 종목으로 만드신 것이다.

3부
태권도 선교학이란 무엇인가

11장
태권도의 문화 사회학적 역할과 가치

11장 태권도의 문화 사회학적 역할과 가치
(박영길 2012:146-174)

1. 수련 문화로서 역할과 가치

첫째, 정신수련에는 예의와 윤리성을 말할 수 있다.
동양무도는 '예시예종'의 의식을 중요시하는 수련형태를 가지고 있다. 도장에 입관을 할 때는 언제나 예로서 표하여 상호간에 대한 예절과 사범에 대한 예절, 도복을 입을 때도 예로써 착용하며, 상대와 겨루기를 취할 때에도 존중을 표하며 예로서 고개를 숙인다. 승리 지상주의에서 경기에 이기면 흥분하는 서양 스포츠와는 달리 동양의 무예는 윤리성을 강조하는 신체활동과 정신활동을 강조한다. 태권도의 수련문화로서의 역할과 가치는 학교에서의 도덕과 윤리교육을 대신한 도장교육의 역할로써 많은 어린이들이 수련을 하고 있는 것을 보아도 태권도 수련의 가치가 매우 높다고 하겠다. 오늘날 대분의 학생들은 도덕성과 윤리성을 배우기 위하여 도장

수련에 매진하고 있다.

　둘째, 신체수련이다. 태권도에는 품세가 있다.
1) 초창기 태권도 수련 품세에는 가라테가타 형, 철기, 밧사이, 진퇴, 공상군, 지온, 니쥬시오, 운수 등 가라테가타를 수련했으며, 제1회 태권도 승단 심사종목으로도 활용했으며, 최초 태권도라는 이름을 만든 최홍희는 국제태권도연맹 총재였다. 그는 '창헌류'형 (지금의 틀)을 창안하여 보급하였다. 1972년 최홍희 총재가 한국을 떠나자 이 품세의 명맥이 끊겼다. 그러다가 국기원 공인 품세는 1968년 팔괘 품세 1장에서 8장과 고단자 품세가 먼저 만들어졌다. 공인품세는 정확성, 숙련성, 표현성 등 채점기준에 따른 30, 40, 50점 순의 배점비율이 정해져 있는데, 정확성은 기본동작, 각 품세별 세부동작, 숙련성은 균형 및 동작의 크기, 속도의 힘, 표현상은 강유, 완급, 리듬, 기의 표현을 말하며 제한시간은 1분 30초 이내 실시하며, 경기 품세는 2분이내, 태권체조는 2분이내서 판정하는 경기이다. 품세 수련은 품세 대회를 통하여 자신의 실력과 타인의 실력과의 비교를 통하여 새로운 도전과 경험을 요구하는 과정이며 수련문화로서의 높은 가치가 있다.

2) 겨루기(맞서기): 태권도 경기에는 겨루기의 기술을 수련한 청, 홍 두 선수가 정해진 규칙에 의하여 승패를 가리는 방법이다. 스포츠 태권도의 공격기술 중에서 주로 발차기만을 사용하고 몸통의 전면부와 발로 얼굴 공격이 가능하며 2009년부터 차등점수제의 도입으로 스피드한 경기를 만들 수 있다. 태권도 겨루기는 상대와의 직접 경쟁을 통하여 자신의 도전과 실력을 간파할 수 있는 측도로 이용할 수 있다.

3) 호신술: 태권도의 여러 요소 중 시범문화의 마직막 장식은 언제나 호신술의 프로그램으로 만들어져 있다. 악당인 남자 불량배들을 상대하는 여자 주인공들이 공중제비동작으로 상대 불량배를 물리치는 과정에서는 관중들의 열화와 같은 박수와 함께 언제나 화려한 시범의 끝마무리를 장식한다. 이러한 호신술은 강유와 힘의 해부학의 원리와 인체의 급소와 관절의 범위까지 습득해야만이 효과적인 호신술을 연마할 수 있다. 진정한 호신술은 타인과의 다툼에서 이기는 것보다 타협과 희생정신으로 인내하는 것이다. 특별히 여성들이 태권도를 배워 놓으면 위기 상황에서 벗어날 수도 있다. 태권도는 남녀노소 모든 이들에게 자기 몸을 보호할 수 있다.

4) 격파: 이것은 단단한 물체를 손이나 발 따위로 쳐서 깨뜨리는 것이다. 격파는 타 신체문화와의 차이점과 상이점을 나타내는 대표적인 신체 문화로서 무예의 예술미와 인간의 도전정신을 심어주는 감동의 무대가 되는 신체행위인 것이다. 격파물로는 간단한 시범에서는 버드나무 송판, 소나무 송판, 기와, 벽돌 등을 사용한다.

5) 시범: 태권도 시범의 구성은 태권도의 기본동작(서기, 막기, 치기, 지르기, 찌르기) 품새, 겨루기, 격파, 호신술, 발차기와 종합적인 예술미와 '퍼포먼스'등으로 구성되어 있다. 시범은 태권도 문화를 새로운 장르로 발전시킨 신체의 미를 종합예술로 한 단계 높인 태권도 무예의 고차원적인 행위로서 '하는 신체미'와 '보는 신체미'를 예술 작품으로 승화시킨 것이다.

2. 스포츠 문화로서 역할과 가치

스포츠 문화로서의 역할과 가치로서 태권도 문화는 인류의 평화와 이상을 심어주는 스포츠 종목으로서 도전정신, 인내력, 올림픽사상, 페어플레이, 스포츠맨십을 고취시켜주는 동시에 인류의 신체문화를 한 단계 상승시킨 것이다. 서양 중심의 체육사상에서 동양의 신체문화가 스포츠로서의 역할과 가치를 부여함으로써 동서양의 조화로운 신체문화를 수련할 수 있는 계기를 마련했으며 '할수있다'는 자신감을 심어주기에 충분하다.

3. 문화 외교적 가치로서 역할과 가치

문화적 가치로서의 태권도 문화는 인류와 더불어 기쁨, 즐거움, 행복, 사랑, 자비를 나눌 수 있는 장을 마련했으며, 태권도 신체문화를 통하여 태권도의 다른 문화적 요소를 경험하게 했으며, 경쟁을 통한 스포츠 문화와는 차별성이 있는 문화를 보여줌으로서 동, 서양 사람들의 만남의 장을 열어주고 있다.

외교적 가치로서의 태권도의 역할은 한국의 위상을 세계 속의 한국으로 알리는데 큰 역할을 하고 있다. 각국의 귀빈들이 한국 태권도의 우수성을 알고 있기에 한국을 방문하는 귀빈들은 태권도 명예단과 도복을 수여 받는 것을 영광스럽게 생각을 한다. 2000년 시드니 올림픽에서 태권도가 정식 종목이 되자 태권도는 전 세계인의 태권도가 되었고, '한국하면 태권도'가 된 것이다. 태권도는 외교적으로 한국을 알리는데 있어 일등공신이라 할 수 있다.

4. 교육적으로서 역할과 가치

　　교육적 가치로서의 역할로 태권도 교육의 일반적 특징은 1)남녀, 노소 누구나 교육이 가능하다. 2)시간과 공간에 구애받지 않는다. 3)균형 잡힌 신체를 발달시켜 준다. 4)신체상의 위험성이 거의 없는 교육이다. 5)개인수련과 단체수련 교육이 가능하며 배우기 쉽다. 6)심신의 안전과 호신의 안정성이 있는 교육이다.

　　태권도 교육의 궁극적인 목표는 홍익인간과 자아수련이며, 신체적으로는 건강신체와 기능 향상, 호신적 기능이 있으며, 정신적으로는 사회성 함양, 정서적 발달, 지적발달 등을 들 수 있을 것이다. 교육적 가치로 인성교육은 태권도 교육이 학교 현장에 많은 도움이 되고 태권도를 통해 다른 사람에 대한 배려, 또 자신의 일은 자신이 스스로 알아서 처리하는 습관을 길러 줄 것이다.

　　교육적 역할로서의 태권도 가치와 역할은 한국을 비롯하여 미국, 캐나다, 호주, 브라질, 카자흐스탄, 대만, 중국, 이란, 태국, 유럽 등 많은 나라에서 정규 체육과목으로 채택하고 있는 것으로도 가치와 역할을 하고 있는 것이다. 또한 태권도는 인류 국가로서 선진국 도약의 계기를 마련할 것이며, 국제사회에 공헌하는 바가 많을 것이다.

3부
태권도 선교학이란 무엇인가

12장

태권도의 공연예술, 문화, 관광

12장 태권도의 공연예술, 문화, 관광
(심주용 2013:69-76)

1. 관광 문화상품 콘텐츠 개발

요즘 우리는 관광 문화 상품이란 말을 자주 듣게 된다. 관광을 통한 문화상품 이란 외국 상품을 단순하게 모방하는 것이 아니라 그 나라의 문화 예술적 전통과 지적 정서가 투영된 상품을 말한다. 이제 관광 문화산업은 21세기에 가장 각광받는 고부가치 산업이다. 뿐만 아니라 관광 문화 상품은 그 나라의 문화를 소리 없이 전파시키는 문화전도사의 역할도 톡톡히 한다. 대표적인 예가 미국의 디즈니랜드와 할리우드 영화 시장이 미국의 짧은 역사에도 불구하고 전 세계 젊은이들에게 미국사회와 문화에 대한 커다란 동경심을 불러 일으켰다는 점이다.

우리나라도 태권도, 사물놀이, 공예, 춤, K-POP 등 세계적인 경쟁력있는 문화를 많이 가지고 있다. 태권도의 경우 거대한 세계 시장의 블루오션과 같은 것임이 분명한 사실이다. 올림픽 종목이라는 장점이 있고, 여기에 필요한 도복 등의 태권도용품 뿐만 아니라 관광문화 콘텐츠 등 수많은 상품개발을 할 수 있다. 그리고 전세계 8천만 태권도인이 있고, 현재 204개국 회원국을 거느리고 있으며 또한 국내 태권도 인을 비롯한 앞으로 태권도 수련인구는 1억명 이상이 될 것이다. 이를 위해서는 태권도와 관련 디지털 콘텐츠 상품 개발과 태권도 공연예술의 보급 발전과 태권도 용품의 개발 수입, 캐릭터 개발 그리고 각종 이벤트를 통한 수입은 크다고 볼 수 있으며, 문화 콘텐츠 개발은 영상 교육자료 혹은 태권도 전문서적도 큰 수익사업이 될 것이다.

2. 태권도의 관광 문화상품 전략

관광산업은 지식정보산업, 환경21사업과 함께 21세기의 대표적 성장산업으로 인정되고 있다. 이는 한편으로 관광이 21세기의 인류가 추구하는 욕구를 실현시키는 중요한 방안의 하나이며, 또 한편으로는 이런 상황에서 그 시대가 요구하는 조건을 만족시켜야 치열한 경쟁에서 앞서갈 수 있다는 것을 의미한다. 관광산업은 21세기 세계 경제, 사회, 문화 발전을 이끌어 나갈 전략산업으로서 성장하고 있으며 세계 모든 국가는 자국의 관광산업의 발전을 위해 치열한 경쟁을 벌여 나가고 있다.

우리의 태권도가 이룩한 '태권도 세계화'는 대한민국의 소중한 유산이며 그 가치성은 매우 크다. 우리가 이룩한 업적을 활용하여 태권도 국제 관광문화 상품을 개발하면 관광수익의 창출과 함께 종주국의 태권도 정신, 문화, 기술 까지도 전수할 수 있는 소중한 기회가 될 것이다.

3. 문화공연 예술과 태권도 접목

'가장 한국적인 것이 가장 세계적인 것이다.'라는 말이 있다. 이 말은 한국을 대표하는 것은 한국고유의 문화로 만들어져 야 하며, 가장 한국적인 대표 브랜드로 승부했을 때 세계시장 을 공략할 수 있다는 의미를 지닌 것이다. 태권도는 한국을 상징하는 10대 문화로 선정되었고, 전 세계 204개국 8천만명 의 인프라를 가지고 있는 세계 최고의 문화콘텐츠이다.

태권도를 소재로 해외 및 국내 공연시장에서, 2002년 4월 코 리아 태권도 예술단으로 발족된 '태권다이아몬드'는 2002년 7월 세계적인 공연축제인 영국 에디너러 프린지 페스티발에 참가하여 '난타'에 이어 또 다시 한국 열풍을 일으켰다. 또 그 뒤를 이어 태권타악 퍼포먼스 '비가비' 역시 2011년 세계적인 예술축제인 영국 에딘버러에서 총 5회에 걸쳐 공연을 선보여 많은 호응을 받았다.

한국의 대표 브랜드 문화인 태권도를 소재로 활용한 공연물 의 성장은 한국과 태권도를 세계에 알리고 공연 예술적 가치를 인정받아 한국을 찾는 외국인에게 가장 한국적인 공연으로 감동과 볼거리를 제공하여 관광 문화산업 발전에 큰 영향과 문화 한국의 이미지를 심어 줄 것이다.

3부
태권도 선교학이란 무엇인가

13장
태권도 선교단체들

13장 태권도 선교단체들

1. 세계스포츠선교회

이 선교회는 1987년 12월 사단법인으로 설립 허가를 받고 1988년 할렐루야 태권도단을 창단하여, 139개국에 진출해 있는 한국사범들과 앞으로 진출할 사범들의 선교 요원화를 목표로 선교 활동을 펼치고 있다. 국내활동으로는 훈련된 할렐루야 태권도 선교 단원들이 전국을 대상으로 체육관, 학교 등지로 파송되어 선교활동을 펼치고 있다. 세계스포츠선교회의 태권도선교사 훈련 프로그램은 타 어느 태권도 선교 단체의 프로그램 보다 앞선 프로그램으로 평신도 선교사에게 성경 신학을 필수로 교육하고 있다.(이정미 2005:20-21).

2. 세계태권도선교협회

　　2002년 11월 15일 정부로부터 인가를 받았으며, (구)세계
태권도선교회의 활동을 거의 이어 받았고 (구)세계태권도선
교회의 지부들과 선교사들도 대부분이 (사)세계태권도선교
협회의 소속이 되었다. 명실공히 가장 큰 규모와 활동을 하
고 있다. 활동은 미션 시범단을 운영하고 있으며 영국, 캐나
다, 미국, 스페인, 아르헨티나, 파키스탄, 인도, 방글라데시,
터키, 러시아, 키르키즈스탄, 몽골, 중국, 필리핀, 캄보디아에
선교사를 파송하여 지부들을 설립했고, 국내 각 시, 도마다
지부가 있다. (이정미 2005:22)

3. 바울선교회

　　이동휘 목사가 세운 초교파 선교단체이며, 스포츠 선교단체가 아니다. 그럼에도 불구하고 이미 30년전에 전통적 선교사가 아닌 태권도만 하는 필자를 발탁하여 태권도 선교사로 파송한 것이다. 바울선교회의 주된 목적은 전통적인 목사, 전도사를 선발하여 훈련시켜 제3세계로 보내는 역할을 하는 곳이지, 나같이 전문인 사역자(평신도)를 보내는 기관이 아니었다. 그러나 바울 선교회에서는 이미 알고 있었다. 앞으로의 시대는 전문인 사역자들의 시대가 올 것을, 필자는 평신도로서 국내와 필리핀의 선교사 훈련을 받은 후 파송받게 되는데, 그냥 파송한 것이 아니고 사역비를 보내왔다. 필자는 그 사역비로 메트로 마닐라에 도장을 운영하면서 태권도를 가르치고 성경을 가르쳤다. 그런데 전문인 사역자에게 부족한 신학 때문에, 나중에 다시 공부할 수밖에 없었다. 이제는 전통적 선교와 전문인 선교, 이것은 둘로 나뉘어 있는 것이 아닌 일체를 이루어야 할 것이다. 선교지로 떠날 때, 신학과 스포츠를 겸비한 선교사가 된다면 그것은 이상적인 것이고, 선교지 문이 닫혔을 때, 스포츠를 통해 입국하면 자립까지도 가능하다.

앞으로의 시대는 선교사도 자립을 해야 할 것이다. 전통적인 선교사는 배척을 받지만 전문인 선교사인 태권도 선교사, 의료선교사, 교육선교사, 가난 구제 선교사 등은 환영을 받을 것이다.

바울선교회는 전통적 선교사를 양성하는 곳인데, 전문인 사역자인 나를 발탁하여 30년간 지원하고 후원한 것은 정녕 하나님의 뜻이고 섭리였다. 부족한 필자도 남은 생애는 내가 제일 잘할 수 있는 태권도를 더욱 발전시키고 활성화시킬 것이다. 그 태권도 안에 하나님의 복음을 실어 전 세계에 전하려고 한다. 그러면 '태권도 사관학교'가 필요한 것이다. 또 하나의 태권도 학교가 아닌 내가 만난 그리스도 예수님과 태권도를 전하려고 한다. 분명 하나님의 뜻이 있음을 믿는다.

마치는 말 ·······································

  이제 태권도 선교학의 마지막 부분에 와있다. 예전에는 전통
적인 선교사(목사. 전도사)가 위의 개념이고 전문인 선교사(평
신도)는 마치 하위개념인 것같이 생각했었다. 그런데 선교학에
있어, 전통적인 선교사보다는 전문인 선교사가 우대받는 시대
가 왔다. 필자가 오랜세월 전문인 사역을 해왔던 필리핀도 경제
가 발전하니까 지금까지의 전통적(교회 세우는 사역)선교사들
을 향하여 "이 땅에 머물 필요가 없다"라고 이미 오래전부터 말
하고 있다.

  전통적인 선교사가 필리핀 땅에 많으면 많을 수록 오히려 필
리핀 교회 성장에 지장을 줄 것이다. 지금 우리 대한민국에 외
국 선교사가 와서 복음을 전한다면 "당장에 돌아가시오"라고 말
하지 않겠는가? 이제 필리핀도 조만간 전통적 선교사들은 철수
해야 할 것이다. 그리고 한국교회도 이런 교회짓는 선교사들에
게는 후원을 하지 않을 것이다.

  그런데 우리 전문인 선교사(태권도 선교사)들은 환영하지 않
는 나라가 없다. 왜냐하면 태권도가 올림픽 정식종목으로 채택
되면서 태권도 선교사들은 '귀하신 몸'이 되었다. 이 부족한 종

도 어렸을 때 불량배로부터 맞지 않으려고 태권도를 배웠고, 산으로 들로 하루종일 뛰었는데 실상은 하나님이 나를 전문인(태권도)사역자로 삼으시려고, 계획하신 것을 보면 감사 밖에 나오지 아니한다. 그리고 하나님이 보실 때에 세상에서 내가 제일 잘 할 수 있는 것이 태권도였다고 본다.

예전에 나는 태권도가 선교하고 접목이 되는지조차 몰랐다. 그런데 불신자의 세계에서 하나님의 세계에 들어와 보니 태권도는 '전문인 선교사' 부분에 속하는 것을 알게 되었고, 태권도를 통하여 수없이 죽어가는 전 세계의 영혼까지 구원할 수 있는 것을 알게 되었다. 어린아이가 태권도가 좋아서 시작했는데 그 안에는 영혼구원을 시킬 수도 있음을 알게 된 것이다. 태권도는 내 임의로 배운 것이 아니라는 사실이다.

스포츠 선교사들은 전통적인 선교사들보다 하나씩 더 하나님으로부터 선물을 받았다. 이것을 귀하게 여겨 선교일선에 뛰어들어야 한다.

글을 마무리 하면서, 보이지 않는 그것이 나를 붙잡고 일할 때 보이지 않는 성령의 사람들에게는 큰 능력으로 보여졌고, 필자에게는 Super man으로 현현 하였으며 나의 입술로는 그것을 "하나님의 능력"이라고 피력하였다.

■ 참고문헌

단행본

강승삼 편집. 「한국교회의 새로운 도전 전방개척선교」

    서울: 한국세계선교협의회, 2005.

_____ . 「한국선교의 미래와 전방개척선교」

    서울: 한국세계선교협의회, 2006.

구성모 외 「다문화 선교」 서울: 기독교 문서 선교회, 2015.

김상진. 「태권도학 서설」 경주: 신지서원, 2010.

김상진. 이정기. 「태권도 선교학 개론」 경주: 신지서원, 2012.

김성태. 「세계선교전략사」 서울: 생명의 말씀사, 1994.

김용옥. 「태권도철학의 구성원리」 서울: 통나무, 2013.

김태연. 「전문인 선교사를 깨워라」 서울: 이레서원, 2001.

권오민. 장권. 최광근. 「태권도 개론」 서울: 형설출판사, 2011.

다니엘 쇼우. 찰스벤엥겐. 「기독교복음전달론」 서울: 기독교문서선교회, 2007.

로버트 L.프리머. 존마크테리 편집. 조호형 역. 「바울의 선교방법론」

    서울: 기독교문서선교회, 2016.

손창남. 「문화와 선교」 서울: 죠이선교회, 2019.

손천택. 서성원. 「외길 70년, 현대 태권도의 기틀을 다진 엄운규」

    서울: 국기원, 2017.

손천택. 박정호. 「태권도 교육론」 서울: 대한미디어, 2019.

서성원. 「태권도역사와 문화의 이해」 서울: 애니빅, 2016.

서완석 외. 「태권도를 세우고 세계를 호령하다」 서울: 국기원, 2018.

안승오. 박보경. 「현대선교학 개론」 서울: 대한기독교서회, 2008.

오스왈드 스미스. 김동안 역. 「선교사가 되려면」 서울: 생명의 말씀사, 2019.

이경명. 「태권도 용어 정보사전」 서울: 태권도문화연구소, 2011.

이경명. 김철호. 「태권도 무예요해」 서울: 상아기획, 2004.

이은무. 「한국선교를 깨운다」 서울: 생명의 말씀사, 2006.

이상덕. 「상덕아 내 계명을 지켜라」 서울: 사회문화사, 2019.

_____. 「이상덕 선교사의 성령의 발차기」 서울: 사회문화사, 2020.

_____. 「이상덕 선교사의 황금신발을 신어라」 서울: 사회문화사, 2020.

이동휘. 「깡통교회 이야기」 서울: 두란노, 1996.

이동현. 「도시선교전략」 서울: 기독교문서선교회, 2014.

이훈구. 「선교신학의 성경적 재구성」 경기: 올리브나무, 2012.

이후천. 「한국선교학의 이슈」 서울: KMC, 2013.

유일규. 「하나님이 나에게 주신 사명」 서울: 렛츠북, 2019.

A 스콧 모로우 외. 「21세기 현대선교학 총론」 경기: 크리스챤, 2009.

장기명. 「하나님의 심장으로 뛰는 제자들」 서울: 기독교문서선교회, 2019.

전호진 편. 「교회와 이데올로기」 서울: 성광문화사, 1984.

전호진. 「선교학」 서울: 개혁주의 출판사, 2018.

정순천. 「북으로간 태권도」 서울: 한솜미디어, 2016.

정문자 외. 「태권도 코칭언어」 서울: 애니빅, 2015.

J. 앤드류 커크, 최동규 역. 「선교란 무엇인가」 서울: 기독교문서선교회, 2016.

J. 허버트케인, 신서균. 이영주 역. 「세계선교역사」

　　　서울: 기독교문서선교회, 2013

J.H 바빙크, 전호진 역. 「선교학개론」 서울: 성광문화사, 2007.

최성곤. 「태권도 지도자 무엇을 알아야 하는가?」

　　　대구: 계명대학교 출판부, 2018.

찰스 H 크래프트, 안영권. 이대헌 역. 「기독교문화 인류학」

　　　서울: 기독교문서선교회, 2010.

태권도 문화연대 편. 「태권도학 연구1」 서울: 상아기획, 2007.

편집부 엮음. 「국기 태권도」 서울: 전원문화사, 2016.

한국일. 「선교적 교회의 이론과 실제」 서울: 장로회신학대학교 출판부, 2019.

허진석. 김방출. 「한국태권도 연구사의 검토」 서울: 글누림출판사, 2019.

논문

권형재 2016. "미전도 종족 선교를 위한 전문인 선교에 관한 연구:

　전문인 선교와 영성" 개혁논총. 67-92.

김정모 2012. "신체적 활동 참여 기독교인의 교회 만족도, 조직헌신도,

　충성도, 구전의도와의 인과 관계" 경희대학교 대학원 박사학위논문.

김은식 2017 "스포츠선교를 통한 효과적인 교회성장연구"

　총신대학교 선교대학원 석사학위 논문.

김정모 외. 2005. "태권도의 세계화에 따른 선교의 가능성과 전망"

　한국스포츠 리서치, 제16권 6호. 통권 93호 pp991-998.

노형호 2004. "스포츠 선교에 대한 교육적 의미: 태권도선교를 중심으로"

　총신대학교 대학원 석사학위논문.

노형호 2014. "스포츠선교에 있어 지도자의 영적 리더십에 관한 연구"

　총신대학교 대학원 박사학위논문.

박동훈 2011. "국제태권도 선교활동의 안전대책에 관한 연구"

　한국체육대학교 사회 체육대학원 석사학위논문.

박옥이 2003. "전문인 선교를 위한 태권도 선교의 역사와 활용방안에 관

　한 연구" 총신대 선교대학원 석사학위논문.

박영길 2012. "문화사회학적 시각으로 본 태권도의 역할"

　경상대학교 박사학위논문.

백상현 2016. "야구 농구 전해준 선교사를 아시나요?"

　　　국민일보 (8월 15일).

이정미 2005. "전문인 선교를 위한 태권도 선교의 역사와 활용방안에 관한

　　　연구" 총신대 선교대학원 석사학위논문.

조귀삼 2004. "복음적 상황화에의 제안" 국민일보(6.21일)

장하진 2007. "우리나라 태권도학 연구의 동향과 방향 탐색"

　　　영남대학교 석사학위논문.

정현진 2010. "전문인 선교의 중요성에 대한 교회 교역자들의 인지 실태

　　　조사" 총신대학교 선교대학원 석사학위논문.

정태화 2020. "대한민국 스포츠 100년: YMCA가 우리 스포츠에 끼친영향"

　　　마니아 리포트.

최환석 2012. "태권도 시범이 대한민국 이미지와 충성도에 미치는 영향"

　　　한국사회체육학회지, 제50호. pp-313-323.